CÓMO
RESPONDER
ANTE EL
MALTRATO

JOHN
BEVERE

CARIBE-BETANIA
Una división de Thomas Nelson, Inc.
The Spanish Division of Thomas Nelson, Inc.
Since 1798 - desde 1798
caribebetania.com

Caribe Betania Editores es un sello de Editorial Caribe, Inc.
© 2005 Editorial Caribe, Inc.
Una subsidiaria de Thomas Nelson, Inc.
Nashville, TN, E.U.A.
www.caribebetania.com

Título en inglés: *How to Respond When You Feel Mistreated*
© 2004 por John Bevere
Publicado por Nelson Books
Una división de Thomas Nelson Publishers

A menos que se señale lo contrario, todas las citas bíblicas
son tomadas de la Versión Reina-Valera 1960
© 1960 Sociedades Bíblicas Unidas en América Latina.
Usadas con permiso.

Traductor: Pedro Cruz

Tipografía: *A&W Publishing Electronic Services, Inc.*

ISBN: 0-88113-884-3

Contenido

Contenido

1

Una verdad ignorada

¿**H**a sido maltratado?

Si su respuesta es «No», ¡quiero que se examine el pulso! ¡Es posible que usted ya no esté entre nosotros! Porque la verdad es que vivir en nuestro mundo caído, roto y pecador es enfrentar múltiples oportunidades cada día para ser maltratado y no recibir el trato justo y apropiado que todos deseamos.

Hay muchas situaciones en las que una persona puede recibir maltrato. Aquí hay algunas posibilidades, estoy seguro que usted puede añadir las suyas a esta lista:

- Si usted es un niño, de cualquier edad, podría tener un padre que constantemente lo critique injustamente.

- O si usted es un padre, podría tener un hijo rebelde o pródigo que le da insultos y desobediencia en vez de amor.

- Podría ser un estudiante que simplemente no puede complacer a un maestro exigente.

- Podría ser una gran empleada, pero no le gusta a su jefe quien quiere sacarla a la fuerza del trabajo, para dárselo a uno de sus amigos.

- Está manejando su auto obedeciendo los límites de velocidad, pero el chofer detrás de usted tiene prisa, le toca la bocina, le hace un gesto obsceno y maldice al pasarle por el lado.

- Usted tiene su propio negocio y trata bien a sus clientes, pero un competidor pone precios más bajos que los suyos y lo acusa de hacer trabajo inferior.

- Ha estado casada quince años, y durante ese tiempo ayudó a su esposo con la universidad y le dio tres hijos. Acaba de decirle que ya no la ama y se quiere casar con una compañera de trabajo.

- Ha servido como diaconisa en su iglesia, pero su pasión es dirigir el coro juvenil. Le acaban de anunciar que el coro será dirigido por la esposa del nuevo pastor.

Estos son solo algunos escenarios. Ciertamente hay miles más. Nadie es inmune. El rico y poderoso lo recibe tanto como el pobre y débil. Algunos maltratos son risiblemente menores. Otras situaciones son horribles, con el poder para destruir la reputación de una persona, y hasta amenazan la vida misma.

Pero ahora déjeme compartir con usted una verdad del corazón de Dios que mucha gente desconoce o decide ignorar: *Si permitimos que Dios se encargue de los que nos maltratan, maduraremos y cosecharemos grandes bendiciones.* De eso se trata este libro. Si está cansado de la frustración que puede venir del no saber cómo responder al trato pobre que recibimos de otros, usted está listo para una maravillosa revelación: Dios ve su sufrimiento, Él entiende su sufrimiento y Él tiene planes para extraerle a esa situación tremendos beneficios para su vida. Pero usted necesita saber cómo Él quiere que usted lo haga. Por ende usted debe ajustarse a Su programa y obedecerlo.

El resultado: madurez, fortaleza y una oportunidad de participar estratégicamente en el avance del reino de Dios. Usted podría no creerme ahora, pero para el tiempo en que termine de compartirle esta increíble verdad de la Palabra de Dios, usted entenderá por qué, cuando el maltrato se cruza en su camino, ese es el momento para lanzar un grito de gozo y danzar con alegría. ¡Es tiempo de fiesta para su alma! Está a punto de ser partícipe de uno de los esfuerzos claves de Dios en esta tierra para demostrar su fidelidad a Sus hijos y para traer grandes victorias sobre los planes maléficos y destructivos del enemigo.

Sin embargo, admito que la forma normal en que mucha gente responde al maltrato es enojarse y buscar la venganza. Vivimos en un mundo donde las intenciones de Dios han sido torcidas, algunas veces al punto en que son casi irreconocibles. Una de sus grandes y fundamentales leyes espirituales es la noción de justicia. Construido dentro de nuestro propio fundamento mental y emocional está un fuerte sentido del bien y el mal. Por eso, cuando se nos hace mal, queremos que alguien, de algún modo, arregle las cosas. Con frecuencia pensamos que eso significa nosotros. Estamos equivocados.

> **Por eso, cuando se nos hace daño, queremos que alguien, en algún lugar arregle las cosas. Con frecuencia pensamos que eso significa nosotros. Estamos equivocados.**

Hace algunos años nuestro hijo Addison experimentó una injusticia en la escuela. Lo que pasó y cómo él respondió, revela la clave, aquellos principios que cambian la vida que explicaré en este libro.

No hay nada peor que ver a su hijo ser maltratado. Como padre de cuatro varones, cuando veía a alguno de ellos ser maltratado lo primero que me dictaba la carne era levantarme y arreglar las cuentas.

Ese es uno de esos tipos de respuestas pecaminosas que dicen: «Actuemos primero y hablemos después».

Así es como nos sentíamos cuando nuestro hijo Addison llegaba a la casa día tras día y nos contaba sobre las cosas malas que estaban sucediendo en la escuela. Mi esposa Lisa y yo nos sentábamos cada noche para escuchar a Addison, de nueve años, contarnos historia tras historia de cómo era el objetivo de su maestro. Esto no parecía correcto porque Addison siempre había sido un buen estudiante y asistido a una buena escuela cristiana. ¿Qué podría haber sucedido para poner a nuestro hijo tan quejumbroso y descontento?

Lisa y yo hablamos en privado sobre esto en varias ocasiones. No lo podíamos entender. Addison era todo un niño, pero normalmente no se metía en problemas. Por alguna razón el maestro asumía que si había un problema en la clase Addison era el instigador. Toda la clase podría estar haciendo alboroto, pero cuando llegaba la hora de rendir cuentas, Addison era el único señalado y descargaba sobre él. La mejor respuesta que encontrábamos era que se trataba de un choque de personalidades. Addison y su maestro simplemente no se sobrellevaban. A veces eso pasa.

Oramos por eso con la esperanza de que la situación mejorara, pero no fue así. Dios quiere contestar nuestras oraciones, y eventualmente Él lo hará. Pero tomó un tiempo porque Addison necesitaba aprender de primera mano cómo el Señor quiere que sus hijos respondan al maltrato.

Sin embargo, la paja que rompió la pequeña espalda de Addison ocurrió un día cuando dos de sus compañeros de clase, que se sentaban detrás de él, empezaron a hacer bromas. El maestro estaba de espaldas a la clase, pero cuando dio vuelta para corregir la situación los muchachos rápidamente se callaron. Sin perder un compás, el maestro comenzó a gritarle a Addison. Al igual que todos, Addison detesta las injusticias. Como resultado de ser falsamente acusado de alborotar la clase, su corazón estaba herido.

Addison llegó a la casa esa noche y nos contó a Lisa y a mí lo que había sucedido. Sentados alrededor de la mesa del comedor, sollozó mientras grandes lágrimas de cocodrilo brotaban de sus ojos. Esto era un gran problema para un niño de tercer grado. Como buena madre que es, Lisa lo tomó en sus brazos y lo abrazó, repitiendo muchas veces, «Oh, mi hijo, mi hijo». Me sentí mal también, mientras me rompía el cerebro pensando, *¿Qué puedo hacer? ¿Qué le debo decir a mi hijo?*

Mientras Lisa seguía confortándolo, algo dentro de mi espíritu no se sentía bien. El Espíritu Santo me estaba tocando suavemente, y recordé una lección que había aprendido hacía algunos años. En mi mente se encendió un bombillo, y supe con claridad lo que necesitaba decirle a mi hijo.

Dije: «Bueno, Addison, ¿puedo preguntarte algo?» Él todavía estaba gimiendo, acurrucado junto a Lisa. «¿Cómo respondiste cuando tu maestro te hizo eso?»

Addison se enderezó y ví que sus ojos se encendieron. «Le dije que no fui yo, sino esos otros dos niños», dijo con fiereza.

Le pregunté: «¿Haces eso siempre que él te corrige?»

«¡Sí, especialmente si está equivocado, que es la mayor parte del tiempo!»

«Hijo, lo que estás haciendo no es correcto», le contesté. Tomé mi Biblia y le leí algunos versos claves. Le recordé cómo Jesús había enfrentado el maltrato. También le conté cómo yo había sido maltratado como pastor.

Finalmente le dije; «Addison, tienes una alternativa, puedes continuar defendiéndote y resistiendo su autoridad, o lo puedes hacer a la manera de Dios, que me parece que significa ir donde el maestro y pedir que te perdone por retar constantemente su autoridad y sus decisiones. Tú escoges».

«Pero papá, ¿y si el maestro está equivocado?»

«Bueno, Addison, ¿ha funcionado tu método?»

«No».

«Entonces tienes que escoger. Sigues el ejemplo de Jesús, como dice la Biblia, o lo haces a tu manera».

«Está bien, lo haré a la manera de Dios», dijo Addison.

«Muy bien, vamos a orar». Y así oramos.

Al día siguiente Addison hizo una cita para ver a su maestro a la hora del almuerzo. Miró al maestro y dijo, «Profesor, Dios ha tratado conmigo. Yo he retado su autoridad constantemente. Eso está mal. Por favor, ¿podría perdonarme? No volveré a hacer eso otra vez».

Como se imaginarán, eso conmovió al maestro. Solo imagine, ¿a quién otorgó el maestro el premio al Estudiante de la Semana al final de la siguiente semana?

Addison.

Y para coronar el asunto, al final del año el maestro entregó el premio al Estudiante Destacado del Año. ¿Tengo que decirle quién lo ganó?

Addison.

Mi pregunta es: Si el manejar el maltrato a la manera de Dios le funciona a un niño de tercer grado, ¿cree que nos funcionará a usted y a mí?

Lo que intento hacer con este libro, con la ayuda del Espíritu Santo, es armarlo a usted para que responda al maltrato en tal forma que le traiga gran bendición.

Como sabrá, mi ministerio consiste en hablar casi semanalmente en iglesias y conferencias en los Estados Unidos y alrededor del mundo. Al hablar con la gente y discernir lo que hay en sus corazones, de manera abrumadora escucho que grandes números de cristianos están siendo probados por cosas muy duras en sus vidas. A través del año pasado pregunté con frecuencia en mis mensajes: «¿Para cuántos de ustedes el año pasado fue el más duro que jamás han enfrentado?» ¡Entre el 75 y el 90 por ciento de los asistentes levantaron las manos! Esto es algo sin precedentes en mi experiencia. Creo que Dios está preparando algo fenomenal.

El doctor Yongi Cho lo expresó de esta manera:

Tengo que morir mil muertes antes que Dios comience a hacer algo nuevo en mi vida. Un día le pregunté al Señor: «¿Por qué tengo que morir mil muertes?»

El Señor me contestó: «Porque tienes que tener el carácter para manejar lo que estoy a punto de poner en tus manos en cuanto a responsabilidades se refiere».

Con frecuencia las cosas duras y el sufrimiento que enfrentamos involucran maltrato por otras personas. Es por eso que creo que Dios me ha dado este mensaje para compartirlo con usted en este libro.

En una ocasión después de dar mi mensaje de cómo responder al trato injusto, un hombre de la audiencia, un maestro en una escuela bíblica, fue ministrado de tal manera por el contenido que se fue a la casa y escuchó el mensaje grabado once veces. Me dijo que convirtió el mensaje en un curso académico llamado «Cristianismo 101» porque cree que cada cristiano necesita saber cómo responder al trato injusto pero casi nadie recibe alguna enseñanza sobre ese tópico.

Esto es lo que Dios promete hacer en su favor si responde bien al maltrato:

- Él lo defenderá y lo vindicará.

- Lo bendecirá abundantemente.

- Crecerá en carácter y desarrollará sus músculos espirituales.

Vamos a ver cómo se realizará todo esto en su vida, para su beneficio, el avance del reino de Dios, y, lo más importante, para la gloria de Dios.

2

La venganza es suya

Yo había llegado mucho más allá del tercer grado cuando aprendí que era mejor dejar a Dios manejar la injusticia cuando eres tratado injustamente.

Yo había sido pastor de jóvenes en una iglesia grande, cerca de ocho mil miembros, al comienzo de mi ministerio. Mi supervisor era un pastor administrador que a su vez rendía cuentas al pastor principal.

Yo amaba mi trabajo. Dios había encendido el fuego en mi corazón para darle a esos hombres y mujeres jóvenes las verdades de la Palabra de Dios tan claramente como fuera posible. Mis mensajes semanales no eran vacíos. Les enseñé acerca de la obediencia a Dios, la santidad, la vida crucificada, cómo ir al lugar secreto de oración y acercarse confiadamente a Dios, ideas como esas. Cada martes por la noche llegaba a ellos fuertemente, y ellos lo estaban digiriendo.

El hijo quinceañero de mi jefe era parte de ese grupo. Dios estaba tocando a ese jovencito, y se estaba encendiendo en su peregrinaje con Cristo. Algunos meses más tarde este joven se acercó a Lisa una noche con lágrimas en sus ojos. Con voz entrecortada dijo: «Señora Lisa, ¿cómo

11

puedo vivir una vida espiritual como la predica el pastor John cada semana, si en mi propio hogar mis padres están haciendo cosas que no están bien?» Entonces compartió con Lisa algunos detalles.

Lisa estaba consternada, porque la persona que este joven estaba describiendo era mi jefe. «Escucha, no se trata de lo que tus padres están haciendo», dijo Lisa. «Tu vida es entre Jesús y tú. Lo que el pastor John está predicando es para que tú vivas esa vida delante de Dios. Como viven tus padres no es tu responsabilidad. Solo déjalos en las manos del Señor, ora por ellos y respétalos». Eso fue lo único que a Lisa se le ocurrió pensar, pero fue un consejo sabio.

Yo no sé si ese encuentro de Lisa con el joven y lo que sucedió después estaba conectado o no lo estaba, pero a partir de ese momento mi jefe, el pastor administrador, comenzó a hacerme la vida muy difícil. Supe que le estaba diciendo cosas sobre mí al pastor principal que no eran ciertas. A la misma vez me estaba informando cosas que supuestamente el pastor principal estaba diciendo sobre mí. Se estaba abriendo una brecha entre el pastor principal y yo; era obvio que la agenda de mi jefe era deshacerse de mí.

Pasaron algunos meses hasta que en un servicio de jóvenes unos cuatro estudiantes se me acercaron, dos de ellos con lágrimas en sus ojos. «Pastor John», dijo de pronto uno de ellos, «¡no podemos creer que lo van a despedir!»

«¿Discúlpame?» dije. «¿Dónde escuchaste eso?» Solo me tomó unos minutos para descubrir que el rumor lo había originado el hijo del pastor administrador. Así que decidí hablar con el. «¿Dónde escuchaste que me van a despedir?» le pregunté al adolescente.

«De mi papá».

¡Estaba decidido! Hice una cita y fui a ver a mi jefe. «Tengo algo alarmante que preguntarle», le expresé. «Tengo varios jóvenes que han venido a mí diciendo que me van a despedir y pude rastrear la historia hasta su hijo. Él me dijo que lo escuchó de usted. ¿Qué está sucediendo?»

El hombre se retorció en su silla. «Bueno John, lo siento mucho, solo le estaba diciendo a mi esposa lo que el pastor principal estaba diciendo de ti, mi hijo debió haberlo escuchado, lo siento. Le voy a decir que no vuelva a decir esas cosas otra vez». No ofreció ninguna otra explicación.

«Bien, gracias», le dije, y salí de la oficina. Ahora sí que estaba confundido. No sabía si iba o venía.

Esta incertidumbre permaneció sobre mi cabeza como una nube tormentosa durante otros dos meses. Finalmente, otros hombres del equipo me dijeron un día que se había tomado la decisión de relevarme. El próximo domingo en la mañana yo estaba en la iglesia cuando el pastor principal dijo a miles de personas que «se harán cambios drásticos en la iglesia y me reuniré con los jóvenes y sus padres el martes por la noche». Sentado en la plataforma detrás de él yo pensaba, *yo se cuáles son los cambios drásticos, mañana estaré despedido.*

Ese fin de semana fue pesado. Mi esposa y yo teníamos un hijo y ella estaba encinta con el segundo. Continuamente me decía: «John, ¿qué vamos a hacer? ¿No vamos a hacer nada? ¿No tienes que hacer planes?»

Por mi parte continuamente le contestaba: «Querida, Dios nos envió aquí, no he hecho nada incorrecto y estoy dejando todo el asunto en las manos de Dios».

A la mañana siguiente fui llamado a reunirme con el pastor principal en su oficina. ¡Era mi primera reunión con él en cuatro meses! El pastor administrador y otro asociado principal vendrían a la reunión. Pero, cuando entré a la oficina los otros dos hombres no estaban allí.

«Sabes algo, John, Dios te envió a esta iglesia y no te irás de aquí hasta que hayas terminado lo que Él te envió a hacer», me dijo el pastor principal. Entonces me miró y me dijo: «¿Por qué este pastor administrador se quiere deshacer de ti a como de lugar? ¿Por qué te quiere despedir?»

«¡No sé!» dije, «No tengo idea de qué pude haber hecho».

«Bien, necesitas saber qué es lo que hay entre ustedes y arreglar las cosas. ¿Puedes hacer esto por mí? No me gusta esta disputa».

«Seguro, pastor, voy a tratar, pero le digo, no sé de qué se trata». Hablamos durante algunos minutos y luego me dijo que podía venir a verlo en cualquier momento que quisiera.

Cerca de un mes después encontré alguna evidencia escrita que revelaba algunas cosas impropias que el pastor administrador estaba haciendo. También supe que el hombre estaba tratando de despedir al ministro de música y a otro ministro del equipo. Me dije a mí mismo: *Bien, este es el momento de enseñarle este documento al pastor principal. Quiero que entienda lo que este tipo se propone. Le estará haciendo un servicio a la iglesia y protegiendo al ministerio.* Llegué a la conclusión de que el pastor administrador había manipulado de tal manera al pastor principal que este estaba ciego a lo que pasaba. Yo podría arreglar eso en corto tiempo. Me sentí muy noble por la posibilidad de exponer al hombre que estaba persiguiendo a otros, y, por supuesto, a mí.

Hice una cita con el pastor principal y en la mañana que lo iba a ver decidí separar un tiempo para orar. Luché durante cuarenta y cinco minutos para orar apropiadamente por la reunión. Le preguntaba al Señor: «¿Cómo voy a compartir esta información con el pastor principal? ¿Le debo enseñar este papel, o solo se lo digo?» Pero no estaba recibiendo ninguna dirección, silencio. Así que seguí excavando en oración. Nada sucedió. Finalmente me detuve, miré hacia arriba y grité: «Señor, no quieres que enseñe este papel, ¿o sí?»

¡Inmediatamente algo maravilloso sucedió! La paz de Dios se esparció sobre mí como una ola gigantesca. Era muy obvio lo que Dios quería que yo hiciera. Tomé el papel, lo rompí en mil pedazos y lo eché al basurero. Pensé, *O soy el loco más grande que ha vivido, o estoy obedeciendo a Dios.* En realidad, después de todo lo que había pasado con este hombre que procuraba despellejarme, ¡lo que hacía parecía una locura!

Pasó otro mes. Nada sucedió. Todavía tenía mi trabajo, pero el aire no se había despejado. Una mañana estaba orando en uno de los espacios del estacionamiento de la iglesia. Siempre me ha gustado orar fuera de los edificios, y casi siempre llegaba una hora y media antes que empezara la iglesia o se abrieran las oficinas, de manera que pudiera pasar algún tiempo a solas con el Señor. Mientras caminaba esa mañana, el pastor administrador llegó en su auto y se estacionó. En ese momento el Señor me habló claramente: *Quiero que vayas donde él, te disculpes y le pidas perdón.*

Para ser franco, estaba muy confundido y molesto. Le dije al Señor: «¿Qué? ¿Disculparme con él? No le he hecho nada malo a *él*. Señor, ha sido él quien ha tratado de despedirme. ¡Además, ya destruí esa evidencia! ¿Qué significa eso de que yo tengo que disculparme con él?»

Me contuve. Quizás no había escuchado al Señor correctamente. Así que empecé rápidamente a orar por otras cosas, como las misiones. Inmediatamente mi oración se tornó árida como el desierto del Sahara. Era como si Dios hubiera evacuado el área. Por supuesto, yo sabía que Él todavía estaba ahí: Él ha prometido que no nos dejará ni nos desamparará. Pero su presencia tangible se había desvanecido. No obstante, algunas veces soy cabezudo, así que seguí orando por los hermanos y hermanas en el campo misionero.

Luché unos veinte minutos más antes de preguntar finalmente: «Bien, Señor, ¿qué es lo que me dices ahora?» Y el Espíritu de Dios regresó a mi lugar de oración y me habló: «Quiero que vayas donde él y te disculpes».

Sabía que no tenía esperanza. «Señor, no voy a llegar a ninguna parte contigo hoy, ¿no es cierto?» Así que me enderecé y empecé a orar acerca de lo que tenía que decirle a mi jefe porque no pensaba que había nada por lo que tenía que disculparme con él. Sin embargo, el Señor me mostró varias cosas, así que fui a la oficina del jefe. Me senté frente a su escritorio y le dije: «Yo estaba orando cuando usted llegó esta mañana. El Espíritu del Señor me habló y me dijo que necesitaba venir donde usted y disculparme porque he sido muy crítico con usted y lo he juzgado. El Señor me mostró que estaba equivocado en eso. Por favor, ¿me perdona?»

El hombre parecía sorprendido pero me dijo: «Bien, seguro, lo perdono». Hablamos algunos minutos, y eso fue todo.

Honestamente, todavía estaba confuso. Pero me sentía bien por haber obedecido.

Pasaron otros seis meses y durante ese tiempo los ataques del pastor administrador disminuyeron. Tuve que salir de viaje y mientras estuve fuera ese fin de semana, todo se le desmoronó. Todas sus malas acciones fueron expuestas, eran mucho más malas de lo que yo sabía. Algunas de sus actividades eran hasta ilegales, y pudo ser acusado y enviado a la cárcel. Pero el pastor principal decidió tener misericordia y no lo llevó a juicio. La evidencia fue archivada en la oficina de un abogado y el hombre fue despedido inmediatamente.

El hombre cayó dentro del mismo agujero que estaba cavando para mí. No solo eso, yo fui vindicado ante el pastor y el equipo de trabajo al ver lo que el hombre había hecho contra mí. Despues de ser enviado varios meses más tarde a un nuevo ministerio, fui invitado cerca de una docena de veces a predicar en el servicio principal de la iglesia.

A pesar que sabía lo que dice la Escritura acerca de cómo responder al maltrato, después de esta experiencia lo entendí realmente en lo profundo de mi corazón. *¡Ya capto!* Desde entonces, mi vida no ha sido la misma, y estoy deseoso de compartir con usted lo que aprendí.

No se vengue usted mismo

De parte del apóstol Pablo, en su carta a los Romanos, encontramos una de las instrucciones más explícitas de la Biblia acerca de cómo responder cuando usted es maltratado.

Pablo ciertamente conocía este tema, desde los dos lados de la moneda. Antes de su dramático encuentro de conversión en el camino a Damasco, Saulo (su nombre en ese entonces) había perseguido a cuanto cristiano pudo ponerle las manos encima. ¡Hablando de un maltratante! Saulo estaba tan lleno de odio y enojo contra los cristianos que la Escritura dice: «Asolaba la iglesia, y entrando casa por casa, arrastraba a hombres y mujeres, y los entregaba en la cárcel» (Hechos 8.3). Saulo aplaudió mientras la multitud asesina apedreaba a Esteban convirtiéndolo en el primer mártir. Y en el mismo viaje cuando Dios rodeó a Saulo de luz y lo lanzó al suelo, la Biblia dice que él estaba «respirando aún amenazas y muerte contra los discípulos del Señor» (Hechos 9.1).

Pero no pasó mucho tiempo después que Saulo encontró a Jesús y él mismo aprendió lo que se siente al ser maltratado. Después de predicar su primer gran sermón y testificar con poder que Jesús era de hecho el Mesías, los judíos se confabularon para matarlo. La única forma que halló para salir vivo de Damasco fue que algunos discípulos lo bajaran por el muro de la ciudad en una canasta. Más tarde Saulo (ahora llamado Pablo) resumió los tipos de maltrato que había recibido como apóstol del evangelio:

De los judíos cinco veces he recibido cuarenta azotes menos uno. Tres veces he sido azotado con varas; una vez apedreado; tres veces he padecido naufragio; una noche y un día he estado como náufrago en alta mar; en caminos muchas veces; en peligros de ríos, peligros de ladrones, peligros de los de mi nación, peligros de los gentiles, peligros en la ciudad, peligros en el desierto, peligros en el mar, peligros entre falsos hermanos; en trabajo y fatiga, en muchos desvelos, en hambre y sed, en muchos ayunos, en frío y desnudez; y además de otras cosas, lo que sobre mí se agolpa cada día, la preocupación por todas las iglesias. (2 Corintios 11.24-28)

Vaya, ¡este hombre pudo haber escrito el libro sobre el maltrato! ¡Y en un sentido lo hizo! Escuche lo que este experto bien cualificado, inspirado por el Espíritu Santo, dice sobre este tópico:

No paguéis a nadie mal por mal; procurad lo bueno delante de todos los hombres. Si es posible, en cuanto dependa de vosotros, estad en paz con todos los hombres. No os venguéis vosotros mismos, amados míos, sino dejad lugar a la ira de Dios; porque escrito está: Mía es la venganza, yo pagaré, dice el Señor. (Romanos 12.17-19)

¿Captó la idea? Pablo, después de todo el maltrato recibido sirviendo al Señor Jesucristo y Su iglesia, hizo esta declaración: «No paguéis a nadie mal por mal».

Si yo estuviera leyéndole esos versos durante uno de mis mensajes, yo le motivaría a decir «Amén» en cada línea en voz alta. Como yo no le puedo mirar a los ojos para estar seguro que está prestando atención, le ruego que se detenga un poco y realmente se apropie de lo que la Palabra de Dios le dice aquí. Si está algo somnoliento, ¡suelte el libro y tómese una taza de café! Si usted quiere manejar el maltrato con éxito, ¡usted tiene que captar esto!

Lo que Pablo dice es que nuestra respuesta básica cuando alguien nos hace daño no debe ser el preocuparnos por nuestros derechos y asegurarnos que salimos airosos. De hecho, hasta donde nos sea posible, debemos buscar la paz en nuestra relación con los demás.

¿Recuerda la vieja expresión «Deja que se deslice como agua por la espalda de un pato»? La idea es que debemos tener la actitud de «tragarnos las cosas» en vez de estar siempre peleando y protestando para lograr que cada daño que sufrimos sea arreglado.

¿Ha estado al lado de una persona que no puede dejar que nada pase inadvertido? Si alguien se pasa en la línea de pago del supermercado, esta es la persona que tiene que gritar: «¡Oye amigo! ¿No ves que la línea es aquí?» y entonces le lanza una mirada airada y tan llena de ácido que podría despintar un automóvil.

Esa no es la respuesta que debemos tener si queremos obedecer el mandato de «No pagar mal por mal».

Ahora Pablo nos dice por qué no necesitamos estar buscando lo nuestro: «Amados, no os venguéis vosotros mismos... Mía es la venganza, yo pagaré, dice el Señor».

Ahí está, la primera clave importante para aprender cómo levantarse por encima del maltrato, desde la más pequeña hasta la más grande de las

> **Dios no está en las pequeñeces. ¡Él está en las cosas grandes! Cuando Él dice algo, lo hace en serio y lo dice con autoridad.**

traiciones. Por fe entendemos y aceptamos la idea de que nuestro Padre celestial ha prometido enderezar las cosas en nuestro beneficio, si nosotros nos comprometemos con Él. Él es finalmente responsable de ver que se haga justicia, no usted o yo.

Estas palabras de la Escritura no son una sugerencia o recomendación; ¡son un mandato! Cuando Dios habla, no es como cuando alguien dice algo porque no puede quedarse callado. Dios no está para decir pequeñeces. ¡Él está para decir *cosas grandes!* Cuando Él dice algo, lo dice en serio y con autoridad.

Dios nos comunica este mensaje repetidamente en la Biblia: «No creas que eres responsable de "desquitarte" cuando eres herido». A continuación están algunos ejemplos de lo que Dios dice sobre este tema:

- «No digas: Yo me vengaré; Espera a Jehová, y él te salvará» (Proverbios 20.22).

- «Mía es la venganza y la retribución; a su tiempo su pie resbalará, porque el día de su aflicción está cercano, y lo que les está preparado se apresura» (Deuteronomio 32.35).

- «No digas: Como me hizo, así le haré; daré el pago al hombre según su obra» (Proverbios 24.29).

- «Pues conocemos al que dijo: Mía es la venganza, yo daré el pago, dice el Señor...» (Hebreos 10.30).

¿Está mirando eso? Nosotros hacemos en la carne naturalmente todo lo opuesto, muchas veces estamos ansiosos por desquitarnos. Pero eso está mal. Dios nos manda a que le dejemos a Él hacer justicia. Vengarse por sus propios medios no es lo apropiado para el pueblo de Dios, lo apropiado es que sea Dios quien vengue a Su gente.

Dios vengará a Su pueblo

Esta profunda verdad de no vengarnos nosotros mismos es un buen ejemplo de cómo los cristianos podemos meternos en problemas cuando le damos importancia a lo que Dios no le da importancia y no le damos importancia a lo que Dios sí le da importancia.

Hay muchos temas en la Biblia que son interesantes y útiles pero no son verdades mayores. Con mucha frecuencia invertimos mucho tiempo hablando de esas cosas, sin embargo, nunca llegamos a apropiarnos de una gran idea, como la forma en que Dios quiere que respondamos ante las injusticias de que todos somos objeto.

Algo aprendí cuando era un joven cristiano que agradezco no haber perdido: ¡Realmente es una bofetada al rostro de Dios, un insulto a Su carácter, cuando actuamos como si pensáramos que Él no cumplirá algo que ha prometido! Es como si yo le dijera a uno de mis hijos: «Te voy a dar un maravilloso regalo de navidad», pero mi hijo me dice todos los días: «Papá, yo sé que me prometiste un gran regalo, ¡pero no creo que vas a hacerlo!» ¡Qué insulto a mi integridad! Eso me heriría pero también me enojaría.

¿Cómo piensa que se siente Dios cuando le hacemos esto? Él dice que después de someterle la injusticia a Él, estamos llamados a «enfriarnos» porque Él se vengará o arreglará las cosas cuando hemos sido maltratados. ¿Demostramos por nuestras acciones que creemos que eso es cierto?

Es por eso que Jesús se sentía agraviado cada vez que la gente no creía que Él haría lo que había prometido hacer. ¿Recuerdan la ocasión en el lago de Galilea cuando dijo a sus discípulos que entraran en la barca para navegar al otro lado? Él no dijo: «Miren, yo espero que llegaremos a la otra orilla».

Llegó el momento de zarpar y todos se subieron en el bote. Jesús se recostó para tomar una siesta. ¡No necesitaba estar despierto toda la noche preocupándose de que el bote chocara con una piedra y se hundiera o que los piratas locales abordaran el bote y se los llevaran de rehenes! Jesús hablaba con autoridad porque era obediente al Padre celestial. Jesús solo estaba obedeciendo órdenes, «Lleva a los discípulos al otro lado». Por eso, cuando se desató la tormenta y los discípulos enloquecieron de temor, lo primero que hizo Jesús fue calmar la tempestad, luego se volvió a sus discípulos y los regañó por su falta de fe. Él les dijo de muchas maneras: «No les dije que llegaríamos hasta la mitad del lago para hundirnos. Les dije que iríamos hasta la otra orilla».

Dios siempre cumple su palabra. Cuando hace una promesa, es un «trato hecho». No hay fallas en Su carácter.

No puede mentir. Él no tiene días malos o caídas ocasionales. Su palabra es sólida como la roca. El Señor dice en la Biblia: «Porque yo Jehová no cambio;…» (Malaquías 3.6). El apóstol Santiago nos dice que en Dios «…no hay mudanza, ni sombra de variación» (Santiago 1.17). Se nos dice sencillamente que Dios se encargará de rectificar los daños que hemos sufrido. Nuestro trabajo es confiar en lo que Él nos ha dicho y obedecer.

Hay otro punto que quiero señalar. Pablo escribió que en vez de vengarnos, debemos «dar lugar» o dar espacio para la ira. En otras palabras, podemos de hecho trastornar el intento de Dios para hacerse cargo de la injusticia.

El apóstol quiere decir que por nuestra respuesta equivocada al maltrato, podemos entorpecer el trabajo que hace Dios para vengarnos. Más tarde discutiré esto en mayor detalle. Por ahora es suficiente para nosotros saber que la venganza no es nuestra; es de Él.

> Dios siempre cumple su palabra. Cuando hace una promesa es un «trato hecho».

Y eso, mi amigo, es buena noticia. Solo piense en eso, Dios Todopoderoso toma nota de todo lo que nos ocurre y promete: «Yo me haré cargo».

¡Aleluya!

3
La forma correcta de responder

Hemos aprendido que Dios quiere que le dejemos estar a cargo del trato con nuestro maltrato. Pero, ¿cómo vamos a responder exactamente? La forma equivocada es tomar el asunto en nuestras manos. ¿Cuál es la forma correcta?

El ejemplo de Jesús

Si alguien sabe cómo lidiar con el maltrato, ese es nuestro Señor Jesucristo. Al observar cómo Jesús trató con situaciones difíciles en Su vida, entenderemos verdaderamente cómo debemos hacerlo nosotros también.

Jesús recibió bastante abuso a lo largo de su ministerio. A veces olvidamos esto cuando nos enfocamos en todas las cosas maravillosas que Jesús hizo, como transformar el agua en vino, sanar al ciego y al cojo, alimentar miles con solo unos pedazos de pan y varios peces, caminar sobre las aguas, echar fuera demonios, calmar el mar furioso y resucitar muertos. Todo eso parece glamoroso y sin problemas. Pero tenemos que recordar que la vida terrenal de Jesús fue muy parecida a la nuestra, muchos días rechazando los ataques mezclados con días buenos.

El maltrato contra Jesús comenzó en grande con la tentación en el desierto donde fue insultado y ridiculizado por Satanás. Entonces, tan pronto empezó Jesús Su ministerio, la crítica de la gente comenzó a arreciar. Los líderes religiosos lo persiguieron a cada paso y lo acosaron constantemente. Sus discípulos hicieron lo mejor que pudieron para seguirlo y obedecerlo, pero muchas veces cayeron en la incredulidad y la desconfianza. Muchos de los que le siguieron durante Su ministerio simplemente empacaron sus cosas y le abandonaron (vea Juan 6.66). Ni siquiera sus hermanos y hermanas creyeron en Él, y pensando que estaba mentalmente perturbado trataron de traerlo a su hogar para impedir que siguiera avergonzando a la familia (vea Marcos 3.21).

Pero el peor de los abusos y maltrato llegó cerca del final. En los días finales antes de Su muerte, Jesús demostró poderosamente cómo debemos responder cuando somos maltratados.

Por supuesto, recordamos que uno a uno sus discípulos le volvieron la espalda. Todo empezó con la decisión de Judas de vender al Hijo de Dios por algún dinero en efectivo fácil. Pero los otros discípulos ni siquiera pudieron permanecer despiertos para orar con Jesús, y la Biblia nos dice que al fin y al cabo se fueron huyendo (vea Marcos 14.50). Entonces Pedro, uno de Sus mejores amigos, de hecho maldijo enojado y negó conocerle.

Pero lo peor estaba por llegar. Lo próximo fue que Jesús tuvo que soportar un falso juicio. Al final de su dura jornada Jesús modeló para nosotros cómo debemos responder cuando somos maltratados:

Muy de mañana, habiendo tenido consejo los principales sacerdotes con los ancianos, con los escribas y con todo el concilio, llevaron a Jesús atado, y le entregaron a Pilato. Pilato le preguntó: ¿Eres tú el Rey de los judíos? Respondiendo él, le dijo: Tú lo dices. Y los principales sacerdotes le acusaban mucho. Otra vez preguntó Pilato, diciendo: ¿Nada respondes? Mira de cuántas cosas te acusan. Mas Jesús ni aun con esto respondió; de modo que Pilato se maravillaba. (Marcos 15.1-5)

¿Puede notar lo que dice la Escritura sobre cómo Jesús respondió? Después de básicamente decir su nombre, rango y número de serie, lo que los soldados americanos están llamados a responder si son hechos prisioneros de guerra, Jesús «ni aun con esto respondió». ¡Esto es realmente increíble! Si hubo alguien en la historia del mundo que tuvo razones para «defenderse a sí mismo» y asegurarse que el juez supiera el trato crudo que había recibido, ese era Jesús.

> Si hubo alguien en la historia del mundo que tuvo razones para «defenderse a sí mismo» y asegurarse que el juez sabía el trato crudo que había recibido, ese era Jesús.

Esa era una corte de justicia, la más alta de la tierra, y los testigos (los principales sacerdotes) estaban mintiendo descaradamente acerca de Jesús. Es importante entender que los principales sacerdotes no solo eran líderes religiosos, sino también líderes políticos. Siempre que Roma conquistaba un territorio o nación, a la tierra cautiva se le permitía tener su propio gobierno bajo la supervisión del Imperio. Así que, cuando los principales sacerdotes comparecieron ante la corte, eran los ciudadanos más importantes de toda la nación hebrea. Y lo que estos individuos dijeron de Jesús no contenía una pizca de verdad. Aun así, Jesús no les contestó ni una sola palabra. ¡No se defendió!

¿Por qué escogió permanecer callado y no defenderse? Porque se había comprometido a sí mismo y Su caso en obediencia a Aquel que juzga con justicia, Su Padre celestial.

Y Pilato, que estaba a cargo de todo este aparato de injusticia, sabía lo que estaba sucediendo, tan es así que finalmente dijo bruscamente: «¿Nada respondes? Mira de cuántas cosas te acusan». Cuando Jesús ni aun así respondió, Pilato «se maravillaba». En la mente de Pilato no había duda alguna de que Jesús había sido entrampado por envidia y que sus acusadores no tenían un caso. Pilato nunca había visto algo así. La gente que venía a su corte normalmente estaba ansiosa de defenderse. La posibilidad de castigo, o prisión y aun de ejecución por parte de los romanos no era una idea placentera.

Archivos históricos de ese tiempo indican que Pilato sabía sobre Jesús antes que Él fuera llevado a su corte. Pilato estaba intrigado con Jesús tanto como Herodes. Hay alguna evidencia de que en algún momento Pilato de hecho tuvo una conversación con Jesús. Se informó que la esposa de Pilato tuvo un sueño acerca de Jesús y le recomendó a su marido: «No tengas nada que ver con ese justo» (vea Mateo 27.19). Entonces, durante la crucifixión, fue Pilato quien se ideó el letrero de la cruz, «El Rey de los judíos». Los principales sacerdotes se quejaron vigorosamente ante Pilato que era Jesús quien se proclamaba así y el letrero debía ser retirado, pero Pilato se rehusó a quitarlo y dijo: «Lo que he escrito, he escrito» (Juan 19.22).

Allí estaba Pilato, mirando a Jesús y escuchando a aquellos mentirosos sedientos de sangre que querían ejecutar a Jesús con acusaciones fabricadas. Y Jesús no respondía una palabra porque había encomendado su caso en las manos de Su Padre, quien habría de juzgar justamente.

Este es el ejemplo personal que Jesús nos dejó.

Por eso no sorprende que el apóstol Pablo también enfatizara esta idea. De hecho, tanto Jesús como Pablo eran buenos estudiantes de las Escrituras hebreas y esencialmente citaron verbalmente lo que Salomón escribió cientos de años antes:

> Si el que te aborrece tuviere hambre, dale de
>   comer pan,
> Y si tuviere sed, dale de beber agua;
> Porque ascuas amontonarás sobre su cabeza,
> Y Jehová te lo pagará. (Proverbios 25.21-22)

La lección para nosotros es que cuando nos quera-mos desquitar de alguien por herirnos o maltratarnos en alguna forma, tenemos que extender nuestra mano, ¡no para golpearlo!, sino para entregar un pedazo de pan o una soda fría. Por supuesto que esto no se siente natural, y actos de bondad de esta naturaleza requieren con fre-cuencia mucha creatividad. Pero para ser obedientes al plan de Dios, debemos bendecir a aquellos que nos han hecho la vida miserable.

Así que, si alguien le ha sacudido las plumas o ha co-metido la traición más gravosa, o cualquier otra acción hiriente entre estos extremos, la respuesta básica es la misma:

- Si está sediento, prepárele una jarra de té helado.

- Si está hambriento, encienda la barbacoa.

- Si está en bancarrota, gírele un cheque.

- Si está sola, hágale una llamada.

- Si ha tenido un desliz, continúe trabajando en el matrimonio.

- Si se le cruzó en el tráfico, sonría y continúe manejando.

- Si le ha causado sufrimiento, trabájele horas extras gratis.

Y si al mostrar esa bondad a la gente que le ha arrastrado con sus sentimientos por el lodo le hace sentir incómodo o que le sacan ventaja, recuerde por lo que Jesús pasó por usted.

En sus instrucciones a Sus discípulos, que también aplican para usted y para mí, Jesús explicó por qué, si lo seguimos a Él, no estamos llamados a defendernos a nosotros mismos si somos falsamente acusados. Piénselo de esta manera: cuando usted se esfuerza en probar su inocencia, rápidamente se pone a merced de su acusador. Por esa razón Jesús dijo:

> Ponte de acuerdo con tu adversario pronto, entre tanto que estás con él en el camino, no sea que el adversario te entregue al juez, y el juez al alguacil, y seas echado en la cárcel. De cierto te digo que no saldrás de allí, hasta que pagues el último cuadrante. (Mateo 5.25-26)

En otras palabras, su acusador le sacará todo lo que cree que usted le debe.

Desde el momento en que hace el primer intento de justificarse y defenderse usted mismo, hace de la persona acusadora su juez. Porque cuando contesta y se defiende de sus cargos, en un sentido se somete a él y su visión de las cosas. Ahí él tiene la ventaja. Si él no es su juez, ¿por qué tiene que

> **Cuando usted se esfuerza en probar su inocencia, rápidamente se pone a merced de su acusador.**

contestarle? Usted lo eleva al nivel de juez cuando siente la necesidad de defenderse.

Al levantarse y tratar de defenderse por todos los medios, anula su derecho espiritual a la protección. En el proceso su acusador se eleva sobre usted, y su influencia es elevada por su autodefensa. ¡De hecho, al tratar de defender sus derechos le está adjudicando mayor influencia sobre usted!

Un ejemplo personal

Déjeme darle un ejemplo para ilustrar este punto: Hace algunos años una persona de mucha influencia en los círculos cristianos hizo una declaración falsa acerca de mí a dos grandes organizaciones. No había una onza de verdad en lo que dijo, pero en cuestión de unos días esa acusación le costó $10.000 a nuestro ministerio.

Me enteré de lo que pasaba a través de una llamada telefónica al administrador de nuestro ministerio. Eso me enojó. Honestamente, estaba que trepaba paredes. Al recibir la llamada estaba en el aeropuerto listo a salir en un vuelo internacional hacia Suecia. Ahí se mostró la bondad de Dios conmigo. Por estar donde estaba, realmente no podía hacer nada, solo calmarme y orar. A través de los años he aprendido algo: cuando esté en una crisis o una situación en que ha sido maltratado, no haga nada hasta haber dormido sobre ello. Si no ha escuchado de Dios mientras está despierto, Él le hablará durante el sueño.

Así que abordé el vuelo internacional, y estaba que echaba humo. Estaba luchando en mi carne, considerando muchas formas en las que podía «enderezar» las cosas a mi manera. Pero, sobre algún lugar del Océano Atlántico me dormí.

Cuando desperté la mañana siguiente mientras comenzaba el descenso a Estocolmo, me asaltó el pensamiento: *Puedes ver esto como un robo. Puedes demandar en el Espíritu que el ladrón pague siete veces* (vea Proverbios 6.31). Pero ese pensamiento no era especialmente satisfactorio. Todavía guardaba resentimiento. Entonces tuve otro pensamiento: *O también es posible que no veas esto como una pérdida de fondos, ¡sino más bien como un regalo!* Esto para mí se sentía mucho mejor. El aguijón se alejó de mis emociones. Comencé a sentirme feliz, ¡es divertido dar! Además, cuando das un regalo, el Señor promete que regresará multiplicado cien veces (vea Marcos 10.29-30).

Empecé a orar por esta segunda opción, y cuando regresé a Norteamérica me apresuré a compartir la idea con Lisa y mi pastor, Ted Haggard. La idea les gustó a ambos también. Entonces, para sellar el trato con el Señor, Lisa y yo oramos juntos: «Padre, ese dinero que hemos perdido por lo que dijo ese hombre lo damos como un regalo en el nombre de Jesús; bendecimos esos fondos en el nombre de Jesús».

Eso finalmente lo arregló todo para mí. Se me fue el enojo. Estaba feliz. Podía perdonar y seguir adelante. Todo el asunto estaba en las manos capaces del Padre.

Diez días más tarde, una pareja tocó el timbre de la puerta en nuestro hogar en Colorado. Eran de Texas, así que era evidente que no estaban de paseo por el vecindario. Abrí la puerta y ellos me entregaron un sobre, hablaron durante diez minutos y se fueron. Dentro del sobre había una tarjeta y un cheque de $10.000 a nombre de nuestro ministerio. Inmediatamente le dije a Lisa: «¡Mira esto, querida! Aquí está la primera parte, ¡faltan noventa y nueve!»

Jesús era tan insistente con este tema que nos ordenó ir más allá y más arriba del mínimo al bendecir a nuestros enemigos o adversarios. Él dice que al escoger no resistir al malo, no solo evitamos defendernos sino que tenemos que ir más profundo en ofrecer bondades y bendiciones a la persona que nos ha maltratado.

Esta es una ilustración que Jesús usaba: «Y a cualquiera que te obligue a llevar carga por una milla, ve con él dos» (Mateo 5.41). Durante la vida terrenal de Jesús, los romanos que ocupaban la tierra podían ordenar a cualquier persona que no fuera ciudadano romano llevar carga por una milla. Lo que Jesús realmente quiere decir es, «Sacúdete la mentalidad esclavista y conviértete en siervo». El esclavo hace lo mínimo que se le requiere. El siervo se desempeña a todo su potencial. El esclavo *tiene* que hacerlo; el siervo lo *hace*. A un esclavo se le roba; un siervo da.

Ascuas de fuego

¿Qué quiso decir Salomón (y más tarde Pablo) al afirmar que amontonaríamos «ascuas de fuego» sobre la cabeza de la gente que nos ha ofendido? ¡Eso no suena muy espiritual!

El significado esencial es que cuando usted no se defiende y de hecho extiende bondad hacia alguien que le ha maltratado, la mayor parte de las veces la persona se avergonzará y se abstendrá de hacerle más acusaciones o maltratarle más. El perpetrador sentirá una «sensación ardiente de vergüenza» que casi siempre terminará el asunto, y posiblemente abra el camino para el arrepentimiento, la reconciliación y hasta la amistad.

Así que la primera razón por la que Dios nos dice que no nos defendamos o nos venguemos del enemigo es porque damos espacio para Su justo juicio y mantenemos nuestro corazón recto.

En caso que piense que obedecer es solo para su beneficio y finalmente para el bien de la persona que le maltrató, lo que, por supuesto es cierto, todavía hay un propósito mayor. Pablo resume este punto diciendo: «No seas vencido de lo malo, sino vence con el bien al mal».

Aun viniendo del apóstol Pablo, ¡este es un plato de verdad muy fuerte! Lo que él decía es que al responder en la forma que Dios quiere que lo hagamos cuando somos maltratados, nos convertimos en Su agente dinámico para vencer al mal. Nuestras buenas obras no son solamente «buenas» y efectivas para mejorar nuestras relaciones, y por supuesto que no hay nada malo con eso. ¡Nuestro mundo necesita mucho de esa sal y esa luz! Pero, la más profunda implicación de lo que Pablo enseña es que el cristiano obediente que no procura defenderse a sí mismo cuando es maltratado, siguiendo el humilde ejemplo de Jesús, ¡entra a formar parte de las filas de los mejores guerreros al adelantar la causa de Cristo y el reino de Dios venciendo al enemigo!

Alabado sea Dios, ¡qué honor el que tenemos! Y todo comienza mostrando la otra mejilla y estándonos quietos, dejando que sea Dios nuestro defensor cuando la vida no es justa.

4

El asunto de la autoridad

Con frecuencia el maltrato que la gente recibe de alguna manera viene de alguien que tiene autoridad sobre ella. En el caso de la familia esto puede involucrar a un padre o una madre que trata a un niño de manera extremadamente ruda. En ocasiones es un maestro o entrenador que usa mal su autoridad para avergonzar a un estudiante que todavía «no lo tiene» o un atleta que no puede agarrar ninguna bola que se le lanza. Los jefes pueden inculpar injustamente a un empleado por hacer un envío equivocado en el almacén o por la pérdida de una gran venta ante la competencia. Ocasionalmente un policía puede ser acusado falsamente de discriminación contra gente de un determinado grupo étnico. Y quizás los casos más tristes ocurren, cuando gente en autoridad en la iglesia hace uso impropio del poder que tienen sobre otros para abusar de la gente o lograr lo que quieren.

Las autoridades del gobierno son establecidas por Dios.

¿Qué nos dice la Biblia sobre cómo responder a la autoridad? Otra vez el apóstol Pablo hace un planteamiento preciso sobre este tópico: «Sométase toda persona a las autoridades superiores;...» (Romanos 13.1).

Hasta el norteamericano de espíritu más libre e independiente tiene problemas para extraer el significado de este verso. La frase «cada persona» no da lugar a las excepciones. Y también «sométase a las autoridades superiores» está claramente señalado. Tenemos que tragarnos nuestras inclinaciones independientes y reajustarnos a esta verdad: Nosotros los cristianos no podemos resistir las autoridades legítimas en nuestras vidas. (Más adelante discutiremos las pocas ocasiones en que es necesario que un seguidor de Cristo desobedezca la autoridad.)

> **Tenemos que tragarnos nuestras inclinaciones independientes y reajustarnos a esta verdad: Nosotros los cristianos no podemos resistir las autoridades legítimas en nuestra vida.**

Me tomó un tiempo aceptar esto en todas las áreas de mi vida. Todavía no siempre lo hago bien, pero la Palabra de Dios me ha cambiado, y lo estoy haciendo mejor que antes. Por ejemplo, en el pasado si iba por la autopista y de momento veía en mi espejo retrovisor unas luces rojas y azules parpadeando, hubiera tratado de «atar al diablo» y zafarme de una boleta por infracción. Sin embargo, no creo que esa sea la respuesta que Pablo buscaba cuando dijo: «Sométase toda persona a las autoridades superiores».

La última vez que fui detenido (me complace decir que esto sucede en raras ocasiones, ¡mi pie derecho ha perdido algo de peso!), uno de mis empleados venía en el auto conmigo. Este joven fue criado por un padre que aborrecía a los policías: Así que, tan pronto vio las luces detrás de nosotros, se le subió el enojo a la cabeza y comenzó a cuestionar al policía. Inmediatamente le dije: «¿Por qué dices esas cosas? ¡No culpes al policía! Él es un siervo puesto por Dios para proteger al público. ¡Yo estaba manejando sobre el límite de velocidad! Él solo está haciendo su trabajo».

El policía llegó a mi ventana y me pidió mi licencia y registro del automóvil. Regresó a su carro para investigarme en la computadora. A nadie le gusta esta parte. Es vergonzoso estar sentado a la orilla de la carretera, viendo a los autos bajar la velocidad para vernos mejor cuando pasan.

Unos minutos después el oficial tocó en mi ventana. «Señor Bevere», dijo, «tengo que hacerle una infracción debido a la velocidad que llevaba». En este punto casi podía sentir la piel del oficial encogerse esperando una respuesta airada de mi parte. Pero todo lo que dije fue: «Señor, quiero darle las gracias por lo que hace. Yo estaba actuando mal. Soy culpable; no voy a ir a la corte para defenderme. Merezco esto, y quiero darle las gracias por el servicio que rinde a la comunidad porque lo necesitamos. Dios le bendiga».

He aprendido a esperar hasta que el oficial de hecho me entregue el boleto de infracción, porque una vez lo entrega, no lo puede retirar. Hago esto porque la mayoría de los oficiales están tan atónitos que me miran como diciendo: «¿Me lo devuelves?» Pero ya es muy tarde.

El miembro de mi equipo se sorprendió por mi conducta y aprendió una lección para toda la vida. Él vio en acción la forma en que se nos ordena responder a la autoridad superior, no hablando a las espaldas, no culpando a otros, no resoplando. Estamos llamados a aceptar con respeto lo que nos merecemos.

La razón principal por lo que hacemos esto es por que Dios en tan claro sobre este asunto. Leemos en Romanos 13.1:

...Porque no hay autoridad sino de parte de Dios, y las que hay, por Dios han sido establecidas.

En los días que vivimos la autoridad tiene mala reputación, quizás más en la cultura occidental que en otras partes del mundo. Pienso que es justo decir que las semillas de esta rebelión fueron sembradas durante la década de 1930, cuando los profesores en nuestras universidades comenzaron a indoctrinar a los estudiantes en el liberalismo y racionalismo importado de Europa. Los frutos se hicieron aparentes durante la década de los años 1960, reflejándose en malas actitudes contra la autoridad. Las protestas contra la guerra de Vietnam, la ruptura de la moralidad sexual tradicional, el surgimiento de la cultura de las drogas, el incremento en el índice de divorcios, la decadencia de los valores a través del cine y la televisión, los disturbios en las ciudades, esos y otros cambios están conectados de alguna manera con el descenso en el respeto a las autoridades. Los estudiantes desenfrenados que protestaban en los recintos universitarios llamaban «cerdos» a los policías. El respeto por los líderes del gobierno decayó debido a la controversia contra la guerra y la política exterior. Watergate fue el primero de muchos escándalos. Una fiebre de periodismo amarillista infectó a muchos de los medios noticiosos; muchos de nuestros héroes y otros personajes de la vida pública o en posiciones de autoridad vieron sus reputaciones arrastradas en el lodo.

Entonces, lo peor de todo, varios líderes prominentes de la iglesia fueron sorprendidos en problemas sexuales, robando o malversando el dinero del Señor en sus ministerios. No es de sorprenderse que el respeto por la autoridad pareciera una torpe ingenuidad. Como sociedad estamos cosechando las semillas que fueron astutamente sembradas por el enemigo en nuestra sociedad.

El único problema al desechar la autoridad, y es un gran problema, es que Dios nos dice que tenemos que respetar la autoridad legítimamente establecida a pesar de todo porque «toda autoridad» viene del Señor. Todavía más, toda autoridad es *establecida* por Dios. Dejemos que esto se asiente, *¡no hay autoridad que no haya sido establecida por Dios!*

Puede haber una situación especial donde la autoridad debe ser desobedecida, y existe lo que puede llamarse autoridad ilegítima. Más tarde voy a discutir este asunto. Pero esas son muy raras excepciones, y la Escritura dice claramente que toda persona debe «sujetarse a las autoridades superiores».

Mucha gente realmente lucha con el significado de esto. Pareciera que este mandamiento es tan elevado que es virtualmente imposible de obedecer para el cristiano. ¡Pero ese es el reto de ser un seguidor de Cristo! Ninguno de nosotros puede hacer lo que Él nos manda a menos que rindamos nuestra carne y permitamos que Dios nos llene de Su gracia. La vida cristiana se desplaza sobre el poder sobrenatural. Sin ese poder cada uno de nosotros estaría «quemado».

Una cosa por la que estoy agradecido es que tan pronto conocí y recibí a Jesucristo como mi Salvador en la fraternidad de la Universidad de Purdue, decidí que si la Biblia era la Palabra de Dios, entonces iba a creerla y obedecerla entendiera o no entendiera todo lo que leía. Esto no lo hice porque ya fuera un gran cristiano, sino principalmente por mi temor del Señor. Yo sabía que había sido rescatado de mi pecado y mi futuro en el infierno. No pensé que fuera sabio escoger qué parte de la Escritura se aplicaba a mi vida y cuál no. Por supuesto, en ocasiones he actuado contrario a las Escrituras debido a mi ignorancia, pero en tanto que yo he sido obediente a la Palabra revelada de Dios, el Señor me ha bendecido abundantemente y me ha protegido del mal.

¡Toda autoridad legítima viene de Dios! A pesar de que con frecuencia la gente es asignada o electa para posiciones importantes donde pueden gobernar a otros, están en esa posición de autoridad porque Dios los ha puesto ahí.

Recuerdo cuando esto se me aclaró. En el año 1992, después que Bill Clinton fue electo a su primer mandato, estuve deprimido por varios días. Para ser honesto, estaba muy decepcionado que este hombre iba a ser el presidente de los Estados Unidos. Al tercer día de estar entristecido por el asunto, el Señor me dijo estas palabras: «John, nadie llega a la presidencia sin mi conocimiento». Me recordó la Escritura que dice: «toda persona en autoridad es "establecida" por Él». Aun en una nación donde votamos y elegimos a nuestros líderes, en última instancia llegan a esa posición por nombramiento divino.

Debemos dejar que esta verdad se asiente profundamente en nuestra mente y espíritu: Todas las figuras legítimas de poder en su vida, los padres, el jefe, el maestro, el pastor, el juez, el congresista, ¡han sido designados por Dios!

Autoridades impías

Este es el punto donde con frecuencia se levantan algunas barreras altas de resistencia. Quizás usted piense: *¿Pero qué pasa con esa gente en autoridad que son abiertamente malas, rudas y malintencionadas? ¿Las nombró Dios? ¿Fue seleccionado Adolfo Hitler por Dios? ¡No me puede decir que todas las autoridades han sido designadas por Dios, porque he escuchado o experimentado algunas autoridades abiertamente malas!*

Tenemos una clara opción: *¿Confía usted en la Biblia?* Si su respuesta es «sí», entonces debe aceptar lo que ella dice sobre la autoridad. Dios nombra las personas para sus posiciones de autoridad. Sin embargo, Él no es responsable por la forma en que esos hombres y mujeres en autoridad actúan. Muchos de ellos son maliciosos y abusivos. Tenemos que separar la autoridad como tal del uso que se hace de ella. El nombramiento es de Dios; las malas cualidades y la conducta perversa son provistas por los seres humanos. Así que es apropiado decirlo de esta manera: Toda autoridad viene de parte de Dios, pero no todas las autoridades son temerosas de Dios.

Es interesante observar cómo el apóstol Pablo arregla las instrucciones sobre cómo responder cuando es maltratado por figuras de autoridad. Primero nos recuerda que no debemos vengarnos, y luego en su próximo punto Pablo discute la autoridad. Creo que el Espíritu Santo lo inspiró de esta manera porque Él sabía, como lo sabía Pablo por su experiencia personal, que siempre habría personas en posiciones de autoridad que tomarían ventaja, maltratarían y abusarían de aquellos bajo su control. Pablo tiene que plantearnos cristalinamente lo que Dios dice reiteradamente: «Mía es la venganza, yo pagaré».

Pedro elabora también en sus escritos sobre el mismo tema:

> Honrad a todos. Amad a los hermanos. Temed a Dios. Honrad al rey. Criados, estad sujetos en todo a vuestros amos; no solamente a los buenos y afables, sino también a los difíciles de soportar. (1 Pedro 2.17-18).

Lo que Pedro dice en efecto es: «¿Cómo puedes decir que honras a Dios, a quien *no* has visto, cuando no puedes honrar a la persona que Él ha puesto en autoridad sobre ti, a quien *puedes* ver?»

Durante ese tiempo, cuando la esclavitud era algo común, muchos de los creyentes eran siervos. Aunque la esclavitud siempre es repugnante, en algunas formas ser esclavo en aquella época era como ser un empleado hoy día. De hecho, algunos esclavos eran altamente educados, médicos, bibliotecarios, maestros, músicos y secretarios eran solo algunos de estos. Algunos de ellos eran obviamente superiores a sus amos (Fuente: *Interpreter's Commentary on the Whole Bible)*. Pero las instrucciones de Pedro fueron «haga lo que dice el jefe».

Un hecho interesante es que el rey al que Pedro dice a sus lectores que honren era Herodes Agripa I, el mismo rey que estaba persiguiendo cruelmente y ejecutando a los creyentes. Lo que Pedro pedía a sus hermanos cristianos no era que se sometieran a la autoridad de un rey «gentil y bueno». Estaba pidiendo que obedecieran a un déspota vicioso que procuraba sus cabezas. La única forma en que ellos podían hacer eso era mirando más allá de la personalidad del rey, sus decisiones y acciones, y reconocer la autoridad que había recibido de Dios.

Francamente, hay algunas cosas que los creyentes escogemos hacer en obediencia que no las haríamos si no tuviéramos temor de Dios. En términos humanos no tiene mucho sentido sujetarnos a un rey cruel. Pero siempre tiene sentido obedecer a Dios.

El temor del Señor

En estos días no se escucha mucha predicación o enseñanza sobre el temor del Señor. Esto es desafortunado, porque un temor apropiado de Dios es una cualidad saludable que debería ser poseída por cualquier persona. Siglos antes que Jesús llegara a la tierra como el Hijo de Dios encarnado, Isaías había profetizado que Jesús tendría esta cualidad:

> Y le hará entender diligente en el *temor de Jehová.* No juzgará según la vista de sus ojos, ni argüirá por lo que oyen sus oídos; sino que juzgará a los pobres con justicia, y argüirá con equidad por los mansos de la tierra;... (Isaías 11.3-4, cursivas añadidas)

Debe entender que la única forma que cualquiera de nosotros seremos capaces de someternos siempre a la autoridad, aparte de caminar en el poder del Espíritu Santo, es tener un temor apropiado del Señor. Debemos abstenernos de juzgar la personalidad del líder, pero debemos ver la autoridad que el Señor ha depositado en el líder.

Realmente es triste, pero con frecuencia les decimos a nuestros líderes: «Tiene que ganarse mi respeto». En vez de eso, una persona que teme a Dios dice: «Ya usted tiene mi respeto, porque reconozco la autoridad que Dios le ha dado». El creyente dice esto sabiendo muy bien que Dios mira al corazón y no juzga por las palabras o acciones en la vida de una persona. El juicio o evaluación de Dios está cimentado en las motivaciones de los hombres y mujeres, y Él siempre está en lo correcto.

Las mismas instrucciones sobre la autoridad están en pie para nosotros. Dios no ha cambiado de parecer sobre este asunto. Solo cuando tememos al Señor, cuando tenemos tal respeto reverente que ni siquiera consideramos cuestionar lo que Él nos pide, aceptaremos en obediencia que toda autoridad en la tierra solo tiene una Fuente, Dios.

Elaborando en las enseñanzas de Pablo, Pedro insiste: «Siervos, sujétense a sus señores». En nuestra época, para la palabra *siervos* podemos usar *empleados, estudiantes, miembros de la iglesia, personal militar, oficiales.* Tenemos que admitir que todo el mundo tiene alguna autoridad sobre ellos. Aun el presidente de los Estados Unidos, la persona más poderosa de la tierra, está sujeto a la Constitución de los Estados Unidos y a las leyes del país. Y, por supuesto, en última instancia el presidente le responde a Dios, ¡quien lo puso en esa posición! Las instrucciones de Pedro se aplican a todos.

> **Seamos realistas, todo el mundo tiene alguna autoridad sobre ellos.**

La actitud que debemos tener es «sometimiento en temor, no importa cómo sea la figura en autoridad», en palabras de Pedro, «no solo a los buenos y afables, sino también a los difíciles de soportar».

Agraciadamente, la mayor parte del tiempo tenemos al menos una persona en autoridad sobre nosotros que es realmente una buena mujer o buen hombre. De esa clase de personas no es difícil aceptar y obedecer su liderazgo. En nuestra iglesia en Colorado, el pastor Ted Haggard es un pastor del rebaño bueno y gentil. Someterse a su autoridad y liderazgo es un gozo. Pero Pedro no se detuvo con las buenas personas en autoridad. De manera específica él nos señala que debemos someternos a las «malas» también.

Hace tiempo, cuando todavía estaba forcejeando con el significado de las palabras de Pedro en este verso, pensé que podría encontrar alguna forma de «evadir» esto si buscaba el significado de la palabra «áspero», o difícil de soportar, en el griego original. Consideré que quizás los traductores de la Biblia se habían desviado un poco con su interpretación al inglés. ¿Habría algún error? ¿Quiso Pedro realmente decir «áspero»? Revise los libros de varios eruditos griegos, empezando con el *Thayers Greek Dictionary*. Según este libro, el significado de la palabra *skolios,* que es el griego para «áspero», es «torcido, perverso, malo, injusto».

Eso no era lo que estaba esperando, así que después busqué el significado en el *Diccionario Expositivo de Vine:* «líderes injustos y tiránicos». Seguí buscando en otros libros de otros eruditos y encontré otras palabras que esencialmente significaban «áspero, deshonesto, cruel, irrazonable».

Admito que esta es una verdad bíblica que no cae bien fácilmente. Todo lo que miremos en la vida carnal nos indica que esto es un error, ¿por qué razón debemos sujetarnos a un tirano cruel, injusto, irrazonable y deshonesto? La razón, aunque nos haga retorcer, es que Dios *nos manda* a hacerlo. Pero nunca debemos olvidar que Él es un Padre maravilloso, el mejor padre del universo. Por tanto, podemos tener la confianza que al obedecer la autoridad como Él nos manda es bueno para nosotros.

¿Debemos desobedecer la autoridad alguna vez?

¿Habrá ocasiones en que tengamos el derecho legítimo de no someternos a la autoridad? Sí, aunque esas circunstancias son muy raras. Por ejemplo, ocasionalmente en nuestra vida nos encontraremos con una autoridad ilegítima establecida por líderes cúlticos u otros que encuentran la forma de asignarse a sí mismos en posiciones de poder y se mofan de Dios y Sus caminos. Pablo dice que a esos no tenemos que darles ni una hora de sometimiento (vea Gálatas 2.4-5). Para ponerlo en términos modernos, él está diciendo: «No les de ni el minuto más pequeño».

Sin embargo, hay una regla básica para recordar si piensa que ha encontrado el momento en que la Biblia le permite desobedecer a alguien en autoridad. Los lineamientos son como sigue: *Cuando la autoridad le ordena hacer algo que claramente contradice la Escritura, usted necesita trazar una línea y respetuosamente decir «No».*

Un claro ejemplo bíblico de desobediencia ocurre en la historia de Sadrac, Mesac y Abed-nego (Daniel 3.8-30). Estos tres jóvenes, con Daniel, fueron exiliados a Babilonia bajo el liderazgo del rey Nabucodonosor. Estos muchachos, y otros como ellos, recibieron la orden de arrodillarse ante el ídolo del rey cada vez que escuchaban los instrumentos de música. Para los judíos, esta era una clara violación del segundo mandamiento: «No tendrás dioses ajenos delante de mí» (Deuteronomio 5.7). Así que, cuando sonaban los instrumentos musicales estos jóvenes no se arrodillaron. Cuando el rey Nabucodonosor oyó esto, se puso furioso. Fueron llevados delante de él, pero vinieron respetuosamente. Ellos no se burlaron ni le dijeron: «¡Tú cerdo pagano, no te vamos a obedecer!» Ellos lo miraron y le dijeron: «Su majestad, no le podemos obedecer» (vea Daniel 3.16-18). Ellos honraron al rey y a la autoridad que Dios le había dado, pero se negaron a deshonrar a la Fuente de autoridad, Dios todopoderoso, y no pecaron obedeciendo el mandato del rey.

También David demostró cómo reaccionar ante el uso ilegítimo de autoridad. Cuando Saúl hacía lo indecible para echar mano de David y convertirlo en un adorno en la pared, David no se quedó en el palacio. Huyó al desierto, pero nunca perdió su actitud de respeto y sujeción al rey que Dios había puesto en autoridad sobre él.

Una de las situaciones más difíciles hoy día es el mal uso de la autoridad entre el esposo y la esposa. Según enseña la Biblia, el marido ha sido puesto en posición de autoridad sobre su esposa y los hijos. Si el hombre usa mal esa autoridad, la mujer podría verse en necesidad de resistir respetuosamente, como lo hizo David con Saúl y quizás deberá hacerse a un lado ante un marido que esté fuera de control. Es importante distinguir la diferencia entre obediencia y sujeción. La esposa, al tener una actitud respetuosa, se puede someter todavía, pero no tiene que obedecer a un esposo que está abusando de ella al exigirle cosas que están contra la Palabra de Dios.

Debido a la confusión sobre este tema, algunas veces las mujeres terminan en situaciones dañinas y peligrosas porque un esposo está abusando de ellas y sus hijos y diciendo: «Yo tengo que permanecer obediente a mi marido». No, no tienen que hacerlo.

Este es un caso donde la autoridad puede ser respetuosa, pero firmemente resistida. Ella tiene el derecho, aun quizás la responsabilidad, de pedirle que se vaya o enviarlo a la casa de su mamá. Si él no se va, ella debe irse, pero como David, manteniendo respeto a su autoridad.

La Biblia no enseña obediencia incondicional a la autoridad; enseña sujeción incondicional. Aquí existe una diferencia. La obediencia trata con nuestras acciones, mientras que la sujeción trata con nuestros corazones.

> **La Biblia no enseña obediencia incondicional a la autoridad; enseña sujeción incondicional.**

Pedro escribió que es la sujeción de la esposa la que va a ganar a su marido cuando él ve su «conducta casta» y su «espíritu afable y apacible» (1 Pedro 3.2, 4). Su punto era que si el esposo no estaba obedeciendo la Palabra, aquí está una forma en que la esposa va a ser usada por Dios para acelerar un cambio en su corazón y su conducta.

Yo sé que estas verdades muchas veces son difíciles de comprender. ¿Qué es lo que Dios pretende? ¿Por qué Él es tan insistente sobre estos tópicos? ¿Hay aquí algo más de lo que es aparente? ¡Por supuesto! Sus planes e intenciones serán el foco de atención en los próximos capítulos.

5

El papel del sufrimiento

Si usted ha sido cristiano aun por poco tiempo, usted ya sabe que Dios ama a Sus hijos. Una de las mentiras más horrendas de Satanás es cuando nos susurra que «Dios es un viejo gruñón y malintencionado. Es mejor que mantengas una distancia prudente de Él, porque solo está esperando que tengas un desliz para castigarte».

No, no, ¡mil veces no! Nuestro Dios Abba Padre es un padre maravilloso, ¡el mejor del universo! Él nunca hará nada que esté en conflicto con Su carácter. Él no nos dice cosas como «no devuelvas mal por mal» porque quiere hacernos la vida miserable. Él lo dice porque nos ama. Además de eso, Él tiene bendiciones maravillosas planeadas para nosotros cuando obedecemos. Ese es el caso cuando nos dice que refrenemos nuestra lengua y nos abstengamos de responder cuando somos maltratados.

Vayamos un poco más allá en el pasaje que estamos examinando de 1 Pedro. En el último capítulo discutimos cómo Dios quiere que nos sometamos a la autoridad que está sobre nosotros, independientemente de si es buena o áspera. Esto es lo próximo que Pedro nos dice:

> Porque esto merece aprobación, si alguno a causa de la conciencia delante de Dios, sufre molestias padeciendo injustamente. (1 Pedro 2.19)

Aquí tenemos un entendimiento interesante de una de las cosas que agradan a Dios. Cuando alguien nos maltrata y soportamos con gracia el dolor y sufrimiento resultantes, Dios se agrada. Él lo encuentra «meritorio» o digno de aprobación y alabanza. Ahora, no se equivoque. Dios no es sádico; Él no salta de alegría porque usted o yo estamos soportando alguna injusticia. No, Él se duele con nosotros de la misma forma que se dolía cuando Jesús sufría alguna injusticia. Cuando Pedro dice que hacemos esto «a causa de la conciencia delante de Dios», significa que Dios se agrada cuando somos tan sensibles y obedientes a sus deseos que estamos dispuestos a sufrir en el proceso.

Por tanto, la próxima vez que tenga que soportar algunas cosas difíciles porque alguien con autoridad sobre usted no está ejercitando el poder y el control de una forma que honre a Dios, solo dígase a sí mismo: «Yo sé que Dios no se agrada de que esta persona o institución me maltrate. Pero Él se agrada del hecho que estoy asumiendo una actitud respetuosa y de sujeción. ¡Dios se complace en mí! Así que, le voy a entregar el resultado a Él».

Cuando eso suceda, en vez de quejarse y lamentarse por lo dura que es la vida, simplemente dése usted mismo un espaldarazo.

A continuación Pedro pasa a explicar más específicamente las situaciones en que Dios aprecia cuando sufrimos con paciencia por su causa:

> Pues, ¿qué gloria es, si pecando sois abofeteados, y lo soportáis? Mas si haciendo lo bueno sufrís, y lo soportáis, esto ciertamente es aprobado delante de Dios.
> (1 Pedro 2.20)

En otras palabras, si hacemos algo malo y somos castigados por ello, no lo podemos catalogar como «persecución». ¡Esa es simplemente la realidad de la vida! Si cometemos una estupidez o algo ilegal, no podemos espiritualizar las consecuencias. Ser castigado por hacer lo que es claramente malo se conoce como «persecución autoinfligida». Dios ha provisto autoridades terrenales para corregirnos en esos casos.

> **Si hacemos algo malo y somos castigados por ello, no lo podemos catalogar como «persecución». ¡Esa es simplemente la realidad de la vida!**

Si al declarar sus impuestos dice que tiene seis hijos, pero en realidad tiene tres, cuando el departamento de impuestos investiga y le confronta con la verdad, y resulta que debe una tonelada de impuestos más los intereses, ¡no vaya a su grupo de estudio para pedir oración para que Dios le libre de la persecución del gobierno! O más ridículo todavía, no vaya a predecir ante sus amigos que Dios le tiene reservadas grandes bendiciones para usted por la persecución que está sufriendo en Su nombre. Solo admita su culpabilidad, pague lo que debe y que nunca se repita la historia.

Hay una forma en la que le garantizo que nunca tendrá que sufrir persecución autoinfligida: ¡solo haga lo que es correcto! Mucho de la vida cristiana simplemente conlleva sentido común.

A lo que Pedro se refiere aquí es persecución «justa». Sucede cuando usted hace lo correcto pero termina siendo culpado por algo que no es su culpa. Eso, obviamente, es «trato injusto».

Aquí está una verdad que no quiero que nunca olvide: Cuando sea tratado de manera injusta, en vez de gemir, quejarse o lamentarse, levántese de la silla, alce sus manos, grite de gozo y baile un poco. Ha hecho algo que a Dios le agrada, y Él le recompensará de acuerdo a esa clase de respuesta. ¡Más adelante tengo algo que añadir sobre esto!

El llamado de cada creyente

Una de las preguntas que la gente me hace con más frecuencia es «¿Cómo puedo conocer mi llamado?» Por supuesto, lo que generalmente quieren decir es: «¿Cuál es el ministerio particular que Dios tiene en mente para mí?»

Bien, a menos que yo conozca muy bien a la persona o el Espíritu Santo me haya dado algún indicio, yo no sé cómo contestar esa pregunta, *de manera específica*. Pero hay *una* respuesta que siempre puedo dar con un cien por ciento de seguridad a cada creyente: Su llamado es *manejar el tratamiento injusto correctamente*.

¡Con frecuencia recibo una respuesta poco intensa y entusiasta! La mayoría de nosotros espera y tiene en mente algo más glamoroso para «nuestro llamado». Y ciertamente hay otras cosas que hemos sido llamados a hacer para nuestro Señor Jesucristo y el avance del reino de Dios. Pero también es cierto que cada uno de nosotros es llamado a sufrir. La Biblia es clara en este asunto. Así es como Pedro lo plantea:

> Pues para esto fuisteis llamados; porque también Cristo padeció por nosotros, dejándonos ejemplo, para que sigáis sus pisadas. (1 Pedro 2.21)

La *Biblia Amplificada* hace aun más claro el significado: «Pues para esto fuisteis llamados (esto es inseparable de tu vocación), porque también Cristo padeció por nosotros, dejándonos (su personal) ejemplo, para que sigáis sus pisadas».

¿Captó la frase «inseparable de tu vocación»? Esto significa que no importa lo que usted haga para Dios, debe aceptar que sufrir trato injusto está entrelazado con ello. Si usted se pone

> Si usted se alinea con Cristo, el sufrimiento es una parte de su descripción de trabajo, tal y como Él lo hizo por usted.

del lado de Cristo, el sufrimiento es una parte de su descripción de trabajo, tal y como Él lo hizo por usted.

Puesto que ahora sabemos lo que se espera de nosotros, ¿qué hizo Jesús que nosotros debemos imitar? ¿Cuál fue su ejemplo personal? Pedro nos da la respuesta, diciendo del Señor:

> El cual no hizo pecado, ni se halló engaño en su boca; quien cuando le maldecían, no respondía con maldición; cuando padecía, no amenazaba, sino encomendaba la causa al que juzga justamente.
> (1 Pedro 2.22-23)

Como aprendimos antes, aun siendo Jesús perfecto, fue acusado falsamente de muchas cosas. Sin embargo nunca se puso a la defensiva ni trató de convencer a alguien de que era una víctima. Cuando fue abusado con palabras o injuriado, lo tomó con gracia. Se rehusó meterse en un juego de «toma y dame». Nunca respondió con suciedad o palabras rudas, ni trató de humillar a nadie. Nunca devolvió mal por mal. Y aun siendo el Hijo de Dios, ¿no piensa que en su humanidad Él tuvo el deseo de defenderse a sí mismo alguna que otra vez? En algunas ocasiones se enfrascó en debates con los fariseos y otros líderes religiosos, pero nunca encontrará a Jesús a la defensiva para proteger sus «derechos». ¿Por qué Jesús fue capaz de soportar tanto maltrato y abuso sin defenderse?

Hay una pequeña palabra en la carta de Pedro que lo explica, y nos da la razón precisa por la que no debemos contraatacar cuando somos maltratados. Pedro dice que Jesús «encomendaba la causa al que juzga justamente».

¡Eso es! Jesús sabía que su Padre estaba en control de Su vida y de todo lo que a Él le aconteciera. Él estaba íntimamente relacionado con su Padre celestial. No había duda en su mente que el Dios Todopoderoso habría de arreglar todas las cosas a su tiempo. Jesús no tenía que luchar por Sus propios derechos. Nosotros tampoco. El asombroso Señor del universo no está durmiendo sin conocimiento de lo que ocurre cuando los justos sufren en su nombre.

Nunca olvidaré en mi vida la ocasión en que fui atacado por una persona de autoridad. Se habían levantado unas acusaciones contra mí que simplemente no eran verdad, y siento decir que durante meses me estuve defendiendo frenéticamente.

Mientras todo esto ocurría, orando un día el Espíritu Santo me habló. Me dijo: «Hijo, en tanto te defiendes a ti mismo, esto es lo que estoy haciendo». Entonces vi una visión del Señor donde era visible solamente de los hombros hacia abajo. No podía ver su rostro, y lo único que podía distinguir era que sus manos estaban firmemente aseguradas a su espalda.

Mientras oraba, Él me habló: «Ahora, desde el momento en que dejes de defenderte, esto es lo que pasará». Entonces vi que sus manos ya no estaban restringidas; mas bien el Espíritu Santo estaba activamente tratando el caso que otros estaban trayendo contra mí.

Este es definitivamente el cuadro de lo que Dios hará por usted y por mí cuando obedecemos su mandamiento y acatamos el llamamiento de soportar el maltrato de la manera correcta en su nombre. Dejamos de pelear nuestras propias batallas y por nuestras palabras y acciones decimos: «Yo pertenezco al Dios del universo. Él cumple su palabra. Él es mi Padre amoroso. Dejaré que Él me cuide. La justicia se hará de acuerdo a Su itinerario. Él se encargará de que se me trate justamente. No devolveré mal por mal. Todo lo que tengo que hacer es comprometerme con Él».

> Cada sufrimiento injusto que pase resultará en una bendición a lo largo del camino, si responde a la manera de Dios.

Una vez que usted le pertenece a Él genuinamente, no habrá sufrimiento por el que usted pase que no tenga un propósito o razón de ser. Dios no lo permitirá. Cualquier sufrimiento injusto que pase resultará tarde o temprano en una bendición para su vida, si usted responde a la manera de Dios.

El hombre y la mujer que camina esa senda verá la poderosa mano de Dios ejerciendo el justo juicio de Dios.

El ministerio del maltrato

Hay un resultado, cuando manejamos el maltrato correctamente, ¡que simplemente le dejará estupefacto! ¿Está listo para escuchar esto? ¡Seguro que lo disfrutará!

Para explicar esto primero necesito preparar el escenario con este verso de Hebreos:

> Por la fe Noé, cuando fue advertido por Dios acerca de las cosas que aun no se veían, con temor preparó el arca en que su casa se salvase; y por esa fe *condenó al mundo*, y fue heredero de la justicia que viene por la fe. (Hebreos 11.7, cursivas añadidas)

Note lo que este verso nos dice: «Dios condenó al mundo». Hay una verdad muy poderosa en este verso. Dice que Noé, al ser obediente, trajo condenación al mundo. ¡Bárbaro! Este es el poder que se desencadena cuando los creyentes hacen lo que Dios ordena. Ponga mucha atención a esto: Dios no sugiere ni recomienda. Dios nos ordena que no nos venguemos cuando somos maltratados. ¿Por qué? Porque al hacerlo nosotros «ponemos ascuas de fuego sobre la cabeza» de aquel que nos maltrata, y el resultado neto es el aceleramiento del juicio de Dios.

Cuando escuchamos la palabra *juicio* con demasiada frecuencia la imagen que viene a la mente es el fuego del infierno, pero el significado de juicio en el Nuevo Testamento es «una decisión de Dios a favor o en contra». ¿Sabe cuál puede ser la decisión de Dios en una situación particular? Considere esto: ¡La persona que lo maltrata podría ser perdonada de sus pecados, salvada y liberada de su conducta!

Conozco una mujer cuyo marido la maltrató durante años. Este marido simplemente no la dejaba tener a Dios en su vida. Esta esposa trató todo lo que pudo para manipularlo a fin de que aceptara a Cristo y se convirtiera en un hombre justo. Pero él no lo hacía.

Finalmente, después de luchar frustradamente durante años, un día el Señor le dijo: «¿Por cuánto tiempo vas a impedir la salvación de tu marido?»

«¿Qué dijiste?» Preguntó ella.

Entonces el Señor le mostró todas las cosas que ella estaba diciendo y haciendo que de hecho entorpecían y atrasaban el trabajo que Dios estaba realizando en la vida de su esposo. Dios le dijo que dejara de hacer esas cosas, y finalmente ella obedeció. Permaneció callada y le ofreció mayor respaldo. Dejó de quejarse y criticar. Se hizo a un lado y dejó que Dios hiciera su trabajo.

¡Dos meses más tarde su esposo se convirtió! Desde entonces he sido huésped en su hogar y, créame, su esposo es una nueva criatura en Cristo. Ahora ella no tiene que tratar de forzarlo a ser un hombre de Dios. Por su obediencia esta esposa de hecho aceleró el juicio de Dios o Su decisión para intervenir.

Este ejemplo es solo una ilustración de lo que yo llamaría «ministerio del maltrato». Dios siempre tiene una razón para lo que nos pide hacer. Cuando Él nos manda a renunciar a la venganza y dejar que Él ejerza juicio, no es solamente otra idea de Dios que le hace sentirse bien o importante. No, Dios no malgasta su energía y recursos. Él tiene un propósito para el sufrimiento que soportamos mientras somos maltratados.

¿Pero, cómo se hace realidad? ¿Y cuándo?

Vamos a seguir encontrando las respuestas en la Palabra de Dios.

6

Bienaventurados los maltratados

¿**D**isfruta ser bendecido?

Eso parece una pregunta ridícula, ¡pero he tropezado con algunos cristianos que actúan como si fueran *más* favorecidos por Dios si no pudieran adueñarse y recibir muchas de Sus magníficas promesas!

Siempre he pensado que Jesús tuvo que haberse enfrentado a las mismas actitudes porque mientras iba de viaje se detuvo a interrogar al cojo junto al estanque de Betesda. Le dijo al hombre: «¿Quieres ser sano?» (Juan 5.6). ¿No les parece una pregunta extraña, a menos que ya Jesús se hubiera encontrado algunas personas que realmente no querían lo que Él tenía que ofrecer?

Como ya había insinuado antes en este libro, Dios no nos manda a no «devolver mal por mal» cuando somos maltratados sin ofrecernos una bendición significativa a cambio. Por supuesto, nunca debemos actuar como empleados disgustados cuando tratamos con Dios el Padre. Él requiere nuestra obediencia, y debemos dársela con gozo porque somos sus hijos muy preciados. Pero nuestro Padre celestial es un enorme dador, y quiere bendecirnos por sobrellevar el maltrato y sufrir en su nombre.

Así es como Pedro describe lo que ocurrirá:

No devolviendo mal por mal, ni maldición por maldición, sino por el contrario, bendiciendo, sabiendo que fuisteis llamados *para que heredéis bendición*.
(1 Pedro 3.9, énfasis añadido).

Aquellos de nosotros que predicamos y ministramos al cuerpo de Cristo podemos meternos en problemas cuando gritamos lo que Dios susurra y susurramos lo que Dios grita; esto es, cuando recalcamos demasiado lo que Él no recalca o insistimos muy poco en lo que Él recalca. La verdad contenida en este verso es para gritarla, no para susurrarla.

Nunca olvide lo que tenemos prometido como creyentes: *Si sufrimos maltrato haciendo lo que es correcto, recibiremos bendiciones de nuestro Padre.*

En resumen, Dios nos manda a sujetarnos aun ante el trato agresivo y no defendernos por las siguientes razones:

- Esto da lugar al justo juicio de Dios.

- Podríamos heredar una bendición.

Citando lo que David escribió en el Salmo 34, Pedro pasa a llenar los espacios con más detalles:

Porque: El que quiere amar la vida y ver días buenos, refrene su lengua de mal, y sus labios de no hablar

engaño; apártese del mal, y haga el bien; busque la paz, y sígala. Porque los ojos del Señor están sobre los justos, y sus oídos atentos a sus oraciones; pero el rostro del Señor está contra aquellos que hacen el mal.
(1 Pedro 3.10-12).

En otras palabras, cuando sea insultado, bendiga al que le insulta. Cuando la autoridad le maltrate, bendígale. ¡Porque al hacerlo se está acomodando para una bendición!

La próxima vez que sea tratado injustamente, especialmente por alguien en autoridad, necesita llamar a su esposa o esposo, y anunciarlo entre tus amigos: «Dios me está preparando para ser bendecido. ¡Estoy ansioso por ver lo que Dios va a hacer»!

Por otro lado, cuando usted resbala y no responde correctamente a las injusticias de otros, tiene que comprender que algunas bendiciones que Dios quería concederle tendrán que esperar hasta que usted resuelva la situación.

¿Tiene idea de cuántas bendiciones hemos desperdiciado solo porque quisimos «tener la última palabra» o porque «tenía que desquitarme» o porque «tenía que defender mis derechos»? ¿Cuánto llanto habrá en el cielo ante el tribunal de Cristo cuando entendamos lo que nos perdimos porque tantas veces no manejamos la injusticia adecuadamente?

La cosecha de Dios

Si queremos ver el reino de Dios avanzar poderosamente

en la tierra, necesitamos traer el cuerpo de la cosecha de Cristo. Dios quiere que seguemos las bendiciones de su cosecha. ¡Yo necesito su cosecha! ¡Usted necesita la mía! Porque si cada creyente siega la cosecha que Dios tiene, esto traerá la expansión del reino de Dios, ¡que ciertamente incluye la salvación de las almas!

Eso es lo que Dios *quiere*. No queremos comparecer ante Dios en el cielo y oírle decir: «Yo tenía una gran cosecha para ti, y mira las implicaciones, ¡mira cuánta gente no llegó aquí porque no recibiste tu cosecha! Mira las bendiciones financieras que pudiste tener, mira las bendiciones sociales que pudiste tener, mira las bendiciones intelectuales y mentales que pudiste tener». El plan de Dios es bendecirnos en cada área de la vida, espíritu, alma, cuerpo, finanzas, posesiones, cada dimensión.

La cosecha siempre está vinculada al incremento, no solo personalmente, sino para todos. Podemos ver un comienzo significativo en lo que Dios le prometió a Abraham:

> Bendeciré a los que te bendijeren, y a los que te maldijeren maldeciré; y serán benditas en ti todas las familias de la tierra. (Génesis 12.3)

Dios le dijo a Abraham que la recompensa por su obediencia sería una bendición personal que se extendería a todas las familias de la tierra. ¡Usted y yo todavía recibimos las bendiciones extendidas a nuestro padre Abraham porque él fue obediente!

Dios bendice de muchas maneras: «Toda buena dádiva y todo don perfecto desciende de lo alto, del Padre de las luces» (Santiago 1.17). Algunas veces es una bendición financiera; algunas veces es entendimiento o sabiduría. Considere la bendición de Juan el Bautista, quien no fue un hombre rico ni de muchas posesiones. Por causa de Dios, vivía en el desierto, su ropa de diseñador era piel de animales, y su comida gourmet incluía langostas y miel silvestre. Sin embargo, mire la profunda visión profética que le fue dada y la autoridad con que habló. Tuvo el privilegio de bautizar al Salvador del mundo. Además, Jesús dijo de él que «entre los que nacen de mujer no se ha levantado otro mayor que Juan el Bautista...» (Mateo 11.11). Juan recogió su cosecha, y todavía las vidas son tocadas.

Considere a José de Arimatea: Fue un hombre bendecido con riqueza, y usó parte de ella para donar la tumba provisional de nuestro Señor. ¡Allí fue donde ocurrió la resurrección! José recogió su cosecha. Las vidas todavía están siendo influenciadas.

Todos nosotros tenemos diferentes dones, y la cosecha generalmente viene en esas áreas donde Dios nos ha bendecido con dones. Si usted es una persona de negocios y ha sido tratado injustamente, su cosecha posiblemente venga en el área de mayores oportunidades de negocios. Y con eso usted podrá influenciar más personas.

Lo que yo he notado en mi vida personal, y usted lo notará también, es que conforme Dios más me bendice, mayor ha sido la influencia que he podido tener sobre la vida de otros.

> **Todos nosotros tenemos diferentes dones, y la cosecha generalmente viene en esas áreas donde Dios nos ha bendecido con dones.**

Nosotros los cristianos necesitamos despertar y ser lo que realmente somos, ¡herederos del Rey en vez de pobres indigentes! ¡Jesús es el Rey de reyes, no el Rey de los indigentes! ¿Por qué son los impíos, actores de cine, políticos, magnates del comercio, atletas y pornógrafos como Hugh Heffner quienes tienen la mayor influencia hoy día? ¿Podrá ser que los cristianos no se están apropiando de las bendiciones que Dios nos quiere dar para que la cosecha se incremente? Dios dará a cada uno lo que se requiere para nuestra cosecha. Abraham necesitaba ganado, plata y oro porque tenía que construir una nación. David necesitaba plata porque estaba supervisando una nación. Elías no necesitó esas riquezas porque tenía la visión de Dios y un papel diferente para cumplir.

Cuando Dios le bendice, Él lo hace en el área de su vida a la que ha sido llamado. Y Dios quiere usar a todo el cuerpo de Cristo para traer su cosecha. Por eso Él ha hecho a algunos líderes y a otros dadores, a otros maestros y a otros ayudadores y a otros _____. Usted llene el espacio en blanco.

La bendición de Brian

Quiero compartir con usted una historia que demuestra como Dios interviene para bendecir cuando manejamos el maltrato a Su manera. También ilustra cómo pueden venir las bendiciones, con frecuencia en el área de su llamamiento. En este caso un empresario fue bendecido en el área de los negocios.

Tengo un amigo muy allegado, Al Brice, que es pastor. Hace algunos años pastoreaba una iglesia en Dallas y estaba predicando en 1 Pedro sobre este mismo asunto, «cómo responder adecuadamente al maltrato».

Cuando Al terminó de predicar esa mañana dominical, uno de los miembros de la iglesia (lo llamaremos Brian) vino donde él y le hizo una pregunta. «Pastor Brice», dijo, «Yo soy un ejecutivo en una compañía de seguros muy grande. Hace poco estaba en línea para convertirme en vicepresidente. Todos mis compañeros de trabajo sabían que me había ganado la promoción. En realidad merecía el trabajo. Pero cuando se abrió la posición la compañía se la dio a otro hombre».

«¿Por qué sucedió eso?» preguntó el pastor Brice.

«Porque el otro hombre es blanco y yo soy negro. Pastor, eso es discriminación. Yo creo que lo puedo probar. Podría llevar mi caso hasta las cortes. De hecho, estoy preparándome para tomar medidas legales la semana próxima. ¡Pero usted me acaba de enredar con ese mensaje que predicó!»

El pastor Brice miró a Brian y dijo: «¿Lo quieres hacer a tu manera o a la manera de Dios?»

Sin vacilar Brian contestó: «Lo quiero hacer a la manera de Dios; por eso estoy hablando con usted. ¿Quiere orar por mí?»

«Seguro», dijo el pastor Al, y allí mismo inclinaron sus cabezas y entregaron el caso de Brian en las manos del Padre celestial, quien juzga con justicia.

Al día siguiente Brian fue a trabajar y decidió hacerle una visita al individuo que había recibido la promoción. Fue a la oficina del hombre, le extendió la mano, y le dijo con una amplia sonrisa: «Quiero felicitarte por tu promoción. Solo quiero que sepas que voy a ser tu mejor trabajador». Pueden imaginarse lo incómodo que se sintió el otro, porque él también sabía que la promoción había sido dada a la persona equivocada. Si las cosas hubieran sido diferentes ahora Brian sería *su* jefe y estaría sentado tras el mismo escritorio.

Pasaron varias semanas y nada sucedió. Usted tiene que entender, con frecuencia así es. El juicio o la liberación de Dios viene en camino, ¡pero casi siempre tarda más de lo que preferimos! Sin embargo, Brian no enfocó su atención en el mal que se le había hecho. Él siguió cumpliendo sus obligaciones a su más alto nivel.

Un día Brian recibió una llamada de un competidor, una compañía aseguradora extremadamente grande con sucursal en Dallas. El hombre en la otra línea le dijo: «Hemos observado cómo usted trata con clientes mutuos. Estamos muy impresionados. ¿Le interesaría venir a trabajar para nosotros?»

Brian no tuvo que pensar sobre el asunto. «No, no estoy interesado», dijo. «No quiero cambiar de trabajo. He estado muchos años con esta compañía. Tengo buenos beneficios y un grupo sólido de clientes. Mis clientes y mis compañeros de trabajo conocen mi carácter y reputación. Aquí estoy bien. Realmente no necesito un cambio. Muchas gracias, pero no estoy interesado».

El hombre de la otra compañía insistió: «Por favor, almorcemos juntos para que podamos hablar. ¿Qué daño puede haber en esto?»

Brian trató de ser mas firme: «Ya le digo, pierde su tiempo. No estoy interesado».

Parecía que el hombre era corto de oído: «¡Oh, por favor! ¿No nos concedería aunque fuera un almuerzo?»

Casi frustrado Brian dijo: «Muy bien, me reuniré con usted».

Se fijó el encuentro y el día del almuerzo llegó. Brian y los otros intercambiaron saludos y ordenaron sus comidas. Uno de los ejecutivos de la gran compañía dijo: «Brian, le hemos estado observando y estamos impresionados por la forma en que usted maneja las cuentas. Nuestra gente ha dicho: ¡Qué bueno sería si este hombre trabajara para nosotros!»

Brian sacudió su cabeza. «Ya se lo dije antes por teléfono. Están perdiendo su tiempo. No quiero cambiar de trabajo. Me gusta la estabilidad. Tengo beneficios estupendos. Tengo tanto invertido en mi compañía. Simplemente no quiero hacer esto».

«Muy bien Brian, lo escuchamos. Pero esto es lo que queremos que haga. Vaya a su casa y hable con su esposa. Lleguen a una cifra del salario que quiere le paguemos. Entonces vamos a reunirnos otra vez en una semana y hablaremos sobre eso».

Casi contra su mejor juicio Brian suspiró y dijo: «Bueno, de acuerdo».

Se fue a su hogar. Realmente no había tomado este asunto en serio. Ni siquiera le dijo mucho a su esposa acerca de esta oferta hasta la noche anterior al próximo almuerzo. Brian trataba de relajarse con su esposa y finalmente dijo: «Realmente no quiero cambiar de trabajo. Ellos quieren que nosotros pongamos una cifra de salario. En realidad estoy cansado de esto, así que esto es lo que voy a hacer: Solo les voy a decir lo más ridículo. ¡Les voy a decir que quiero un salario tres veces más grande del que estoy recibiendo ahora! Así terminaremos bien rápido esta discusión estéril», dijo Brian.

Escribió una corta nota con una cifra de salario tres veces mayor que su salario actual. Tenga en mente que él ya ocupaba un lugar bastante alto en su compañía. Poner una figura tan elevada era realmente risible.

El próximo día Brian fue al almuerzo. Todos los hombres se sentaron, y después de ordenar la comida, el ejecutivo de la compañía le preguntó si había llegado con una petición de salario.

Brian dijo: «Lo hice». Hizo el gesto de sacar la carta de su bolsillo, pero el hombre lo detuvo. «No, no. Realmente no queremos ver lo que quiere que le paguemos. ¡Primero queremos que vea lo que nosotros queremos pagarle!»

El hombre deslizó una carta sobre la mesa. Brian la levantó, y después de leer unas líneas por poco se desmaya. ¡El número que ellos proponían era *cuatro veces* el salario que él recibía! Brian estaba tan abrumado que no sabía qué decir.

Permaneció allí mirando la carta. Sin embargo, los hombres de la otra compañía malentendieron su silencio y llegaron a la conclusión que quizás la oferta no era lo suficientemente elevada, Así que, ¡subieron considerablemente el salario y añadieron más beneficios!

Finalmente Brian recuperó la compostura y dijo: «Señores, soy cristiano y quiero llevar esta oferta a casa para orar sobre ella con mi esposa. Me pondré en contacto con ustedes».

«Seguro, por supuesto, tómese su tiempo», dijeron los otros.

Brian fue a su casa y le contó a su esposa. Oraron, y el Espíritu de Dios les habló a ambos. El mensaje del Señor era: «Hijo, pusiste tu caso en mis manos. Yo te estoy vindicando. Esta es Mi promoción para ti. ¡Tómala!»

Ahora, casi veinte años más tarde, Brian ya no vive en Dallas. Es el principal ejecutivo de la gigantesca compañía aseguradora en sus oficinas internacionales en Virginia. Esta compañía empequeñece a la compañía con la que Brian trabajaba cuando fue maltratado y no recibió la promoción que merecía.

¿Qué podemos concluir de esta experiencia? Claro, Brian pudo defenderse a sí mismo. Tenía un caso legal y legítimo en sus manos. Tenía derechos por los que pudo insistir. Había sido maltratado y podría haber ganado el caso. Aun si lo hubiera ganado, no estaría donde está hoy. ¡Hubiera perdido la bendición que estaba reservada para él!

> **Tenemos que entender nuestra vida desde la perspectiva de Dios. A Él nada se le escapa.**

Debo decirle que he observado a mucha gente que ha tomado el curso de acción de defenderse a sí mismos. Algunos de ellos hasta han ganado y recibido cierta justicia, pero sus espíritus nunca fueron lo mismo. Quedaron con cicatrices de esa experiencia, y de acuerdo a la Escritura perdieron las bendiciones preparadas para ellos.

Siempre es mejor hacerlo a la manera de Dios, como lo hizo Brian. Tenemos que entender nuestra vida desde la perspectiva de Dios. A Él nada se le escapa. Él sabe la cantidad de pelos que tiene en la cabeza y cuántas células hay en su cuerpo. ¿No sabrá Él cuando ha sido dañado por alguien? ¡Sí! ¡Sí! ¡Sí! Dios protege poderosamente a quienes dejan que Él responda por el tratamiento injusto recibido.

Observe otra vez lo escrito por Pedro: «¿Y quién es aquel que os podrá hacer daño, si vosotros seguís el bien?» (1 Pedro 3.13). Lo que Pedro está diciendo aquí es: «Oye hombre, mujer, niño o niña, cuando crees esto y lo alojas en tu espíritu y lo vives de esa manera, ¿quién te podrá dañar? ¿Cómo podrá alguien realmente sacarles ventaja o dañarle otra vez? ¡Solamente te están colocando en posición para ser bendecido!»

«Alabado sea Dios», es mi respuesta.

Es por eso que Jesús dijo a sus discípulos que si alguien les pide la camisa, que le den también la capa. Y si alguien quiere que caminen una milla, que caminen dos. Por supuesto, esto es pensar en el reino de manera radical, especialmente para los judíos, que siempre se les había enseñado tomar ojo por ojo. Pero Jesús es Dios. Él sabía la verdad. Esa es la clase de vida que Dios quiere.

Mi amigo, usted puede vivir una vida en la tierra ahora mismo donde nunca más le podrán robar. Para lograrlo, hágase un favor a sí mismo, tenga un corazón de siervo. Un siervo da, mientras a un esclavo se le quita. No devuelva mal por mal. En última instancia, aquellos que abusan de usted realmente no pueden hacer nada para dañarlo. No sea simplemente un esclavo. Sea algo mejor que eso: sea un siervo como Jesús fue un siervo. Usted será libre, más libre para vivir poderosamente para Dios que nunca antes.

¡Si yo estuviera predicando esperaría que usted dijera «Amén» a eso! ¡Y que lo dijera con entusiasmo!

7

Elevándose sobre el maltrato

¡Creo que estará de acuerdo que la meta general para cada creyente es crecer! La Biblia es muy clara sobre este asunto: Permanecer como un niño espiritual no es bueno. Crecer más allá de la infancia espiritual y convertirse en un hombre o mujer de Dios maduro es lo que se propone con cada creyente. Estoy seguro que no se sorprenderá de que el maltrato sea una de las tácticas de entrenamiento que Dios usa para ayudarnos a ser adultos espirituales. Otra vez Pedro nos explica cómo funciona esto:

> Puesto que Cristo ha padecido por nosotros en la carne, vosotros también armaos del mismo pensamiento; pues quien ha padecido en la carne, terminó con el pecado. (1 Pedro 4.1)

Otro significado para «terminó con el pecado» es «alcanzó completa madurez espiritual».

La Biblia describe varias etapas y niveles de crecimiento espiritual que contiene similitudes con lo que ocurre con nosotros físicamente.

Empezamos como bebés completamente dependientes del cuidado de nuestros padres u otros adultos. Como nuevas criaturas espirituales esto es de esperar: «Desead, como niños recién nacidos, la leche espiritual no adulterada, para que por ellas crezcáis para salvación» (1 Pedro 2.2). No hay nada malo con la leche espiritual para un recién nacido. De hecho, es perfecta para un bebé recién nacido, porque es todo lo que el sistema digestivo espiritual de un recién nacido puede manejar. Pero en algún punto el bebé deberá dejar a un lado la leche y moverse a un alimento más sólido.

Por eso encontramos que la Biblia también nos llama niños: «para que ya no seamos niños fluctuantes, llevados por doquiera de todo viento de doctrina, por estratagema de hombres que para engañar emplean con astucia las artimañas del error» (Efesios 4.14).

Y finalmente, la Escritura menciona la adultez espiritual: «Pero el alimento sólido es para los que han alcanzado madurez, para los que por el uso tienen los sentidos ejercitados en el discernimiento del bien y el mal» (Hebreos 5.14).

Sin embargo, quiero señalar unas diferencias significativas entre el crecimiento físico y el espiritual. Asumiendo que otras cosas son normales, el crecimiento de su cuerpo físico es principalmente una función del tiempo. Nunca se ha dado el caso de un niño de dos años con seis pies de estatura. (¡Pero si lo hubiera, puede apostar que los reclutas del baloncesto ya le estarían visitando!) Desarrollo físico como ese requiere por lo menos quince años o más.

El crecimiento intelectual es también diferente del físico. Usted puede ser muy inteligente y ser muy joven. Algunos niños pequeños pueden poseer un genio increíble. Estudiantes especialmente precoces han terminado la secundaria y la universidad a los quince años. Aun así, algunos adultos de cincuenta años están en programas especiales para sacar el diploma de secundaria. El desarrollo intelectual no es una función del tiempo sino del aprendizaje. Usted pasa del primer grado al segundo y continúa hasta que termina la escuela elemental. Pero si usted está recibiendo la educación escolar en su hogar en un ambiente educacional especial, esto podría extenderse o acortarse tanto como usted quisiera.

Ahora bien, el crecimiento espiritual es diferente tanto del físico como del intelectual. No es un asunto de tiempo. Algunos nuevos convertidos alcanzan una gran estatura en solo un año, mientras otros que han sido cristianos por décadas todavía están usando pañales desechables y chupando un pacificador. Esos son los que se quejan con más frecuencia y le provocan a los pastores mucha pérdida de sueño.

Por otro lado, el crecimiento espiritual no es solamente una función del conocimiento. Cuando Jesús vino a la tierra los grandes de la religión de su día, los fariseos, manejaban mucha información acerca de Dios y las Escrituras. Muchos podían citar los primeros cinco libros de la Biblia de memoria. Sin embargo, todo ese conocimiento no fue suficiente para reconocer al Hijo de Dios cuando lo tuvieron frente a sus narices.

Hoy día vemos lo mismo. Tenemos gente que ha pasado por las escuelas bíblicas y el seminario. Han estudiado doctrina, han leído todos los libros apropiados, han enseñado a otros, y tienen una hoja de vida impresionante. Pero muchos de ellos no reconocerían al Espíritu Santo aunque llegara al servicio vistiendo un conjunto de chaleco rojo y sombrero.

La madurez espiritual no es solo función de aprendizaje y tiempo. Por supuesto que Dios puede usar la educación y el tiempo para ayudarnos a madurar, pero eso no lo garantiza. Podemos ver en 1 Pedro 4.1 lo que realmente nos «hace crecer» en el Señor, y eso es nada menos que el sufrimiento, y no quiero decir sufrimiento causado por nuestra propia necedad, sino el sufrimiento que se encuentra cuando somos obedientes a Dios.

Ahora usted podría estarse preguntando: *Yo conozco gente que ha sufrido y está amargada.* Es cierto, y eso es porque hay otro ingrediente clave para crecer. Lo encontramos en Hebreos 5.8: «Y aunque era Hijo, por lo que padeció aprendió la obediencia». Jesús era completamente Hombre y completamente Dios, pero como el Hijo de Dios encarnado, también tuvo que aprender lo que era obedecer a su Padre aquí en la tierra.

> **Pero muchos no reconocerían al Espíritu Santo aunque llegara al servicio vistiendo un conjunto de chaleco rojo y sombrero.**

¿Cómo crecemos espiritualmente? Cuando pasamos por trato injusto, aflicción y persecución, y todavía elegimos obedecer. Es fácil obedecer cuando brilla el sol, cuando está sentado con su familia y amigos en la iglesia, o cuando está en una conferencia o seminario cristiano. Cuando le gusta a todo el mundo y la vida parece inmejorable, ser obediente parece casi tan natural como la respiración. Pero cuando llega el huracán, cuando la gente le critica, cuando su jefe le persigue como a un perro, cuando sus amigos le dan la espalda, cuando nada parece salir bien, si todavía escoge ser obediente y bendice a sus enemigos dándoles cuando no lo merecen, entonces es cuando la obediencia realmente cuenta para algo.

Perdone... como ha sido perdonado

Hay un área en su vida que quizás más que ninguna otra se convierte en una enorme barrera para madurar completamente y tener la habilidad de responder con gracia a aquellos que le maltratan: esta es la falta de perdón.

Tenemos que admitirlo, hay muchas situaciones en la vida en las que hemos sido maltratados que no se resuelven de forma lo suficientemente claras para que nos dejen con paz en nuestros espíritus. Y aun si hemos tenido toda la intención de obedecer a Dios y no devolver «mal por mal», el aguijón del dolor acomodado en nuestro corazón se resiste a salir. En ese punto tenemos que hacer lo que Jesús hizo, perdonar. Yo no tengo todas las respuestas de por qué esto es tan importante para Dios, pero ciertamente lo es. Será muy poco el precioso poder espiritual que se desatará en nuestra vida si nos agarramos con fuerza a la ofensa. Responder bien al tratamiento injusto que recibimos no es solo un ejercicio mental. Es profundamente espiritual, debe salir del corazón, y por su propia naturaleza requiere perdonar. Como Jesús, tenemos que ser capaces de decir: «Padre, perdónalos, porque no saben lo que hacen». Esta es la clave para detener el impulso de defenderse a sí mismo: perdonar.

> **Esta es la clave para detener el impulso de defenderse a sí mismo: perdonar.**

Entonces, ¿cómo puede perdonar, quizás el más atroz de los maltratos? Con la ayuda de Dios, tiene primero que llegar al punto donde entiende lo que le ha sido perdonado. Su pecado, mi pecado, requirió que Jesús muriera en aquella cruz. Somos culpables de cada pecado imaginable, incluyendo la injusta ejecución del Hijo de Dios. Por eso la sentencia es el tormento eterno en el infierno. Si Dios puede perdonarnos de esa clase de crímenes, entonces no hay nada, déjeme decirlo otra vez, *nada* que se nos haya hecho que no podamos perdonar.

Se nos ha mostrado gran misericordia. En obediencia y amor necesitamos extender la misma misericordia a otros.

Ármese

Cuando la Biblia dice que aquel que ha sufrido en la carne «terminó con el pecado», significa que esa persona ya no está bajo la esclavitud de los pecados habituales.

Otra vez, así es como Pedro lo resume:

Puesto que Cristo ha padecido por nosotros en la carne, vosotros también armaos del mismo pensamiento; pues quien ha padecido en la carne, terminó con el pecado. (1 Pedro 4.1)

Primero, ¿notó la palabra *puesto que?* En la Escritura esto siempre significa, «prepárese; aquí llega la conclusión de todo lo que se ha dicho antes». Pedro ha dedicado tres capítulos de su carta para explicar cómo responder al maltrato y soportar el sufrimiento. Aquí nos presenta el corazón del asunto.

Hay tanta verdad energética en este verso. Para empezar Pedro dice: «Puesto que Cristo ha padecido por nosotros en la carne». Ahora, ¿cómo fue que Cristo sufrió en la carne? ¡Una cosa fue que recibió casi constantemente un *tratamiento injusto*! Eso lo expliqué en el capítulo 3. Pedro entonces nos informa que eso es lo mismo que nosotros sufriremos, tenemos que «armarnos» o prepararnos para sufrir maltrato. Como lo descubrimos anteriormente, eso es lo que estamos llamados a hacer.

Honestamente, desde que me convertí en cristiano, he tenido más pruebas que las que había tenido antes. En cierta

> **Cuando yo estaba en el mundo y no era creyente, era un prisionero y no padecía de pruebas. Ahora soy libre, ¿pero se imagina a quién le están disparando?**

forma antes la vida era más fácil: pero también estaba ciego a la realidad, porque antes de conocer a Cristo era un prisionero mantenido cautivo por Satanás. ¿Qué tipo de vida le parece más atractiva? ¿Escogería ser un prisionero de guerra, encerrado en una jaula con las manos atadas a la espalda, o prefiere ser libre para participar en la causa de su país avanzando contra un ejército enemigo que mantiene cautivos a muchos prisioneros de guerra? El individuo en el campo de prisioneros de guerra es un prisionero; el individuo al que le dispara es una persona libre. Cuando yo estaba en el mundo y no era creyente, era un prisionero y no padecía de pruebas. Ahora soy libre, ¿pero se imagina a quién le están disparando? Estoy seguro que usted también está bajo fuego. ¡Bienvenido al mundo real!

El sufrimiento que Pedro menciona que Cristo padeció fue un tratamiento injusto de parte de la autoridad, y también de otros. Una y otra vez fue acusado falsamente y nunca se defendió. Pedro nos dice que debemos estar preparados para hacer lo mismo, así que más nos vale armarnos o prepararnos.

¿Qué pensaría del presidente George W. Bush si ordena a las tropas pelear en la guerra de Irak pero no les suple con apoyo aéreo, tanques, artillería, rifles, municiones, cuchillos, todos los suministros requeridos para ganar la batalla? Usted pensaría con razón que no equipar apropiadamente a un ejército sería el colmo de la necedad. La derrota estaría garantizada. Una nación que espera la victoria nunca enviaría a sus militares a la batalla sin armas. De manera similar, esto es exactamente lo que pasa cuando los cristianos no se arman para soportar el tratamiento injusto. ¡Tristemente, muchos no lo están!

Yo he ministrado a creyentes a través del continente y del mundo. Una y otra vez he observado que los cristianos no han sido enseñados a cómo enfrentar el maltrato y el sufrimiento. La vida cristiana tiene muchos beneficios, pero es la vida de un soldado. Y Dios nos ordena que la vivamos correctamente para Su gloria. Por eso, cuando llega la presión, la mayor parte de los cristianos, porque son soldados enviados a la batalla sin rifles y municiones, se sorprenden y confunden y quedan anonadados cuando alguien les hace daño. En vez de saber cómo *actuar* como lo hizo Jesús, simplemente *reaccionan*. Nosotros los creyentes necesitamos prepararnos, armarnos con la información correcta y el poder del Espíritu para que cuando seamos golpeados con tratamiento injusto sepamos cómo responder.

Un buen ejemplo de ese tipo de entrenamiento es lo que hacen regularmente los pilotos de las aerolíneas comerciales. Más o menos cada seis meses esos hombres y mujeres salen de sus vuelos regulares en las aerolíneas por unos tres días para entrenamiento en simuladores de vuelo. Esas máquinas son asombrosas, una especie de mezcla entre un parque de diversiones, juegos de video de alta tecnología y complicados programas de computadoras. Cuando los pilotos suben a la cabina de vuelo simulado, es como si estuvieran a bordo del avión de verdad. Todos los controles y botones son iguales. Cuando los pilotos miran por las ventanas ven exactamente lo que verían cuando se mueven por la pista, cuando vuela, o aterriza la aeronave, pista de aterrizaje, la tierra, el cielo, diferentes condiciones de clima, la acción del viento, todo el asunto. Y eso no es todo. Todo lo que podrían sentir, turbulencia, viento, la sensación de subida y bajada, todo eso está programado. El simulador se siente y responde exactamente igual que la aeronave real.

> **La vida cristiana tiene muchos beneficios, pero es la vida de un soldado.**

Durante tres días los instructores y el personal de pruebas les lanzan a los pilotos en el simulador de vuelos cada evento catastrófico imaginable. Cuando los pilotos encuentran una situación con las que no están familiarizados, con frecuencia se estrellan. Eso significa que tienen que probar otra vez, caída tras caída, hasta que aprenden cómo hacerlo bien y mantener el avión en vuelo. Entonces, cuando una situación similar llegara a desarrollarse en la realidad, los pilotos sabrán cómo responder, instantáneamente.

Es por eso que cuando un avión se estrella y la caja negra y las grabadoras son recuperadas, las cintas podrían revelar que los pasajeros en la cabina principal estaban gritando. No estaban *armados* o preparados, todo lo que hacían era reaccionar con miedo. Pero la grabación de los pilotos revelarán que estaban calmados diciendo: «Haz esto, revisa, aligera los motores, revisa, revisa, levántalo, revisa, revisa, tengo esto, revisa, revisa, revisa». Ellos están *actuando*, no *reaccionando*. Por lo general los pilotos están calmados y tranquilos hasta que ocurre el impacto.

Seguro, si no pueden controlar la situación, podrían soltar una mala palabra. Pero eso es todo. Están en control absoluto durante toda la caída. Los pilotos están *armados*.

La mayoría de los creyentes no están *armados* para manejar el maltrato.

Lo que estoy haciendo con este libro es darles el entrenamiento. ¡Están en el simulador! Los estoy armando desde la Palabra de Dios con lo que nuestro Hacedor quiere que respondamos cuando la gente y la vida nos lancen cosas duras e injustas a nuestra cara. Queremos saber cómo hacerlo correctamente de modo que honremos a nuestro Rey y no nos perdamos ni una bendición.

8

¿Encontrará Él fe?

Si usted es como yo, no quiere ser un debilucho espiritual. Más bien, usted quiere tener músculos espirituales que pueda flexionar y levantar algo para el reino cuando es confrontado con el maltrato o cualquier otro reto que requiera que usted sea capaz de empujar a las tinieblas y hacer avanzar la causa de Cristo en la tierra.

Ganando fuerzas

Me gusta comparar lo que necesitamos que nos suceda espiritualmente con algunas de mis experiencias en ganar fuerza físicamente.

A mediados de los años noventa, yo era realmente un débil flacucho. Por haber tenido siempre un metabolismo acelerado, si no me cuidaba a mí mismo terminaba muy bajo de peso. (Créame, no me estoy lamentando por esto. ¡Yo sé que mucha gente tiene el problema opuesto!) En ese tiempo estaba por lo menos veinte libras bajo mi peso ideal y saludable. Estaba tan débil y falto de vigor que mi habilidad para predicar se afectó. Un domingo en la mañana estaba en la plataforma antes que se me entregara la predicación y me sentí mareado y viendo estrellas. Así de desgastado estaba; todavía no me había levantado para predicar y me estaba preguntando si me desmayaría.

Como estaba preocupada por mí, Lisa me había estado hablando de mi necesidad de tener más cuidado de mí mismo; había orado durante meses para que hiciera algo por mi salud. Así que, después de este incidente esa mañana dominical, llegué a casa y le dije: «Esto lo decide; voy a empezar a ejercitarme».

Afortunadamente, Dios había puesto a un vecino cercano que era luchador profesional. Nos habíamos hecho muy amigos de su familia. Entonces fui hasta donde este hombre y le dije: «¿Estarías dispuesto a darme algún ejercicio físico?» Dijo que estaría feliz de hacerlo, así que, me puse mi sudadera y empecé a ir al gimnasio tres veces a la semana.

Seguro hicimos una pareja muy cómica, porque él era una montaña de músculos, seis pies y cuatro pulgadas y 279 libras de peso, con solo un seis por ciento de grasa corporal. Sus brazos eran tan grandes como mis muslos.

No me tomó mucho tiempo aprender qué debía hacer para ganar masa muscular. Descubrí que se obtiene mejor forma haciendo levantamiento de pesas por doce repeticiones. Pero si realmente quiere ver sus músculos brotar, ponga mucho más peso en la barra y eche todo lo que tiene para levantar ese peso varias veces. Entonces, cuando todos sus músculos están gritando y todo dentro de usted dice: «No puedo hacer esto», ponga todo lo que le queda de fuerzas y levante la barra otra vez.

Y allí estaba yo, «una caricatura del señor Universo», más del lado flaco y débil, mirando a aquel luchador masivo y sus monstruosos compañeros del gimnasio. Podían estar sentados en las bancas animando a gritos unos a otros: «¡Levántalo, empuja, explota, vamos!» y alguno lanzaría un gruñido y empezaba a contraerse, con la cara sonrojada y las venas hinchadas. Haría un poderoso empuje y las pesas se elevarían.

Por supuesto, esto es lo que mi vecino quería que yo hiciera. «Así es como te harás fuerte, John», dijo. «Tienes que llegar al punto donde digas: ¡No hay manera que pueda levantar esto otra vez! Pero algo dentro de ti lo empuja hacia arriba; es ahí cuando los músculos crecen».

Me pregunté: *¿En qué me he metido?*

Pero yo simplemente ya no quería ser débil. Así que empecé a levantar pesas, y era patético. La primera vez solo pude levantar 95 libras. Pero mi amigo y yo continuamos yendo al gimnasio, y pronto estaba levantando 105 libras. Con su apoyo permanecí en ello y empecé a subir, 125, 135, 145, 155, 165, 175, 185. Esto no pasó de la noche a la mañana; tomó un par de años llegar a este punto. Pero entonces me di cuenta. Parece que me había puesto un límite yo mismo.

Durante ese tiempo, por una sola ocasión estaba hablando en una conferencia en Fresno, California y algunos de los pastores me llevaron a un gimnasio. Mientras nos ejercitábamos y levantábamos pesas, uno de ellos me dijo: «John, tú puedes levantar 225 libras en la banca sin ningún problema».

«¿Estás loco? Yo no puedo ni siquiera llegar cerca de las 225».

«Seguro que puedes. Ven a la banca; yo te acomodo».

«Estás loco; yo no puedo hacer esto», le dije. No me sentía exactamente lleno de fe.

Pero el pastor me llevó a la banca, puso las pesas en la barra, entonces me acomodó y me animó a ir adelante. Increíblemente, levanté la barra. ¡Me volví *loco*! Realmente apenas podía creerlo.

Más tarde ese día fuimos a almorzar. Estábamos comiendo, y le dije a este amigo pastor: «¿Sabes qué? Para mí tú eres como el Espíritu Santo».

«¿Qué?» me dijo, dándome una mirada de extrañeza.

«¿No recuerdas lo que dice la Biblia?» le pregunté. «No os ha sobrevenido ninguna tentación que no sea humana; pero fiel es Dios, *que no os dejará ser tentados más de lo que podéis resistir,* sino que dará también juntamente con la tentación la salida, para que podáis soportar». (1 Corintios 10.13, cursivas añadidas).

Mi amigo pastor comenzó a verlo. El Espíritu Santo sabe lo que podemos soportar, y la mayor parte de las veces es más de lo que pensamos que podemos manejar.

«Tú sabías que yo podía levantar 225 libras», le dije. «¡Tú sabías que yo lo podía soportar!»

Su apoyo y su fe en mi habilidad me ayudaron a romper la barrera que me estaba deteniendo. Algunos meses más tarde llegué a las 235, pero otra vez me estanqué.

Como un año después, fui a ejercitarme con uno de los más importantes entrenadores de levantamiento de pesas de los Estados Unidos, y el tipo me dijo: «Tú puedes hacer 275, en serio».

¡Aquí vamos otra vez! Pensé. Inmediatamente contesté: «¡Está loco!»

Él se rió, y después de algún calentamiento y algunos buenos consejos, ¡levanté 256 libras! Estaba tan contento que llamé a mi esposa para celebrarlo.

Algunos meses más tarde estaba otra vez con el mismo entrenador. (Él asiste a una iglesia en Detroit, Michigan, ¡donde el pastor principal puede levantar más de 455 libras en la banca! Acababa de predicar todo ese domingo sobre cómo ser sensible al Espíritu Santo. El domingo en la mañana este entrenador me miró y me dijo: «John, tuve un sueño anoche donde tu podías levantar más de 300 libras sobre la banca».

Me reí ante él como si estuviera fuera de sí. Pero el pastor principal y el entrenador me recordaron lo que había predicado el día anterior. Accedí y dije: «Vamos a ver».

Hicimos los calentamientos, y progresivamente me movió a la marca. Y levanté las 300 libras. Entonces dijo: «Ahora vamos a las 315».

Puso las pesas, me acomodó y por cierto, las 315 libras fueron hacia arriba sin ayuda (fue la primera vez y probablemente la última vez que lo hago).

En relación a mi condición física y fuerza muscular, estos dos entrenadores de levantamiento de pesas fueron como el Espíritu Santo en el plano espiritual: Con frecuencia saben lo que usted puede aguantar mejor que usted mismo. Eso me recuerda lo que el Espíritu Santo hizo que el autor de los Hebreos escribiera: «Porque debiendo ser ya maestros, después de tanto tiempo, tenéis necesidad de que se os vuelva a enseñar cuáles son los rudimentos de las palabras de Dios; y habéis llegado a ser tales que tenéis necesidad de leche, y no de alimento sólido» (vea Hebreos 5.12).

Así que en efecto el Señor nos tiene que decir: «Muy bien, vamos a comenzar a ponerlos en forma otra vez. Tengo algo que quiero que hagan por Mí, y esto incluye cargar 105 libras de maltrato, ¡estén preparados!» Entonces alguien le dice algo sucio, y usted apenas lo puede soportar y responde y se defiende. Y Dios dice: «Bien, necesitamos volver otra vez a las 95 libras. Quizás le pueda dar alguna «cosa de niño» para hacer, pero nada más».

> **Tengo algo que quiero que hagan por Mí, y esto incluye cargar 105 libras de maltrato, ¡estén preparados!**

Quizás en su vida su madurez espiritual equivale a 125 libras. Dios tiene algo que Él desea, pero esto llevará un peso de persecución en barra que demanda que usted levante 145. En otras palabras Él dice: «Tengo un trabajo de 145 libras que necesita ser hecho en el Espíritu». Entonces usted es tratado injustamente por una figura de autoridad, y usted se queja y lamenta y no hace el trabajo. Así que Dios le dice: «De regreso a las 125».

O Dios le dice: «Necesito una iglesia que pueda manejar 225 libras de trabajo en la ciudad». Pero entonces la iglesia entra en persecución y oposición, algo así como un artículo desfavorable en el periódico. El liderazgo se retracta. Dios dice: «De regreso a las 125».

Su entrenador espiritual, el Espíritu Santo, que le ayuda en el entrenamiento, está diciendo: «¡Deberías estar levantando 245, o 285 o 300 libras en la banca!» Pero como usted sigue defendiéndose a sí mismo o volteando la espalda cuando alguien en autoridad le critica, su Entrenador constantemente tiene que regresarle a las 125 libras. No está creciendo en fuerza. No está obedeciendo el mandamiento de sobrellevar el sufrimiento con gracia y dejar la venganza en las manos de Dios. Y a pesar de que Él es paciente porque le ama tanto, le dice: «Mi hijo precioso, estás desperdiciando tu oportunidad de crecer. Tengo algunos trabajos del reino allá afuera que requieren alguien capaz de levantar más de 125 libras. Por favor, ¡trae tu cosecha! Acabas de dejar pasar la oportunidad de llevar 185 libras. Pero no serás capaz de manejarlas».

¡No está solo en esta lucha para ganar músculos espirituales! Yo lo sé por experiencia personal.

Hace años, cuando ese pastor administrador me hizo daño y ensució mi nombre por toda nuestra iglesia, yo sentía que el mundo me estaba hundiendo. Pensé que no podría sobrellevarlo, que iba a perder la cabeza. Este era mi mundo. Parecía que todo se estaba derrumbando. Había dejado mi carrera en ingeniería para entrar al ministerio. La carga era todo lo que yo podía «levantar». No lo entendía entonces, pero eran apenas 125 libras.

Pero perseveré en mi entrenamiento espiritual. Al paso de cada año estaba lo suficientemente fuerte como para recibir más. Entonces, después de casi doce años de aquel incidente temprano cuando era pastor de jóvenes, fui otra vez dañado y mi nombre fue enlodado en tres continentes por lo que aquel hombre con una iglesia enorme en Europa dijo sobre mí. Si este nivel de ataque pesado hubiera ocurrido cuando apenas levantaba 125 libras, la barra hubiera caído sobre mí quebrándome cada costilla. Hubiera sido como si tratara de apilar 315 libras cuando empecé a levantar pesas con mi vecino el luchador. Me hubiera matado.

Por la gracia de Dios y el poder que el Espíritu Santo ha puesto en mí, pude refrenarme de defenderme contra esos comentarios sin garantía. Pude amar a ese individuo genuinamente y continué bendiciéndolo. Eso me libró de permitir que el veneno de la ofensa enfermara y debilitara mi espíritu. Y en su tiempo Dios se encargó del asunto. Cierto que lloré, pero no mucho tiempo después de esa acusación contra mí, la iglesia de ese hombre pasó por una enorme división. Desde entonces ese ministerio no ha sido el mismo. La iglesia ha perdido mucha de su influencia.

¿Saben por qué los Boinas Verdes y las fuerzas especiales de la marina norteamericana son tan respetados? Porque su entrenamiento es mucho más fuerte que el recibido por otros militares. Pero cuando se necesita un trabajo realmente rudo, esos son los tipos que son llamados.

De la misma forma que los músculos de su cuerpo realmente crecen solo cuando su entrenador lo lleva a niveles donde usted piensa que no puede, así nuestras fuerzas y músculos espirituales crecen cuando el Espíritu Santo nos pide que empujemos más allá de nuestra zona de comodidad y obedezcamos radicalmente lo que Dios quiere. ¡Él sabe cuánto podemos soportar! Pero tenemos que confiar en Él lo suficientemente como para empujarnos a nosotros mismos para lograr el trabajo pesado del reino.

¿La manera de Dios, o la del hombre?

Dios llora porque rehusamos hacer las cosas a Su manera. Él nos dice: «Oigan, cristianos, tengo algunos trabajos pesados que necesitan ser hechos en la tierra. La cosecha es mucha, pero los obreros son pocos. Mi gente está preocupada por lo que otros piensan o dicen de ellos, o porque el jefe los criticó. Están luchando por sus derechos. Mientras tanto la gente se muere y va al infierno. ¡Necesito gente en posición de manejar 175, 185, 200, 225, 250, 300 y 350 libras de trabajo!»

> **Nuestros músculos espirituales crecen cuando el Espíritu Santo nos pide que empujemos más allá de nuestra zona de comodidad y obedezcamos radicalmente lo que Dios quiere.**

Jesús dijo que en los últimos días la ofensa correría rampante por el mundo. La palabra griega para *muchos* significa «la mayoría», y lo que es aterrador es que Él estaba hablando de los cristianos cuando dice: «Muchos tropezarán (se ofenderán) entonces, y se entregarán unos a otros, y unos a otros se aborrecerán» (Mateo 24.10).

El resultado de todo este problema causado por la inhabilidad de los creyentes para manejar las ofensas apropiadamente llevará a la iniquidad, que significa que no se someterán a las autoridades. En última instancia «…el amor de muchos se enfriará» (Mateo 24.12).

Jesús vinculó estrechamente la insubordinación contra las autoridades y la ofensa. Él dijo que muchos se ofenderían y se traicionarían y odiarían unos a otros. Eso llevará al levantamiento de falsos profetas que «…engañarán a muchos» (Mateo 24.11). ¡Los muchos que Él menciona son los ofendidos! El resultado: «multiplicado la maldad» (Mateo 24.12).

¿Por qué abundará la maldad? Esto está relacionado con todo lo que hemos aprendido en este libro. Los individuos dicen: «Bien, he sido ofendido. Ese líder me hizo esto o aquella persona me hizo lo otro». Y según la vida sigue adelante, cuando se encuentra a alguien que le recuerda a quien le hizo esto o aquello, se levantan los mecanismos de defensa: «Fui lastimado una vez; ¡no voy a dejar que me lastimen otra vez!»

He estado en el ministerio a tiempo completo desde 1983, y he viajado alrededor del mundo desde 1990. He visto muchos cristianos que escogieron defenderse cuando fueron maltratados, y en cierto sentido, en una situación particular ellos «ganaron». Pero he notado algo en ellos. El fuego por Dios y la vida ya no está en ellos. Se perdió la ternura. Es difícil ver ahora la humildad. Cuando tomaron en sus manos el trabajo de Dios para defenderse a sí mismos y hacer justicia, perdieron algo valioso y precioso. Se engañaron, pensando que tendrían buenos resultados. Pero perdieron la bendición mayor, crecer en fuerza y ver el carácter de Cristo desarrollarse en ellos más claramente.

1Así que vamos a enumerar las tres principales razones por las que Dios nos llama a no vengarnos o defendernos a nosotros mismos:

1. Provee espacio para el justo juicio de Dios.
2. Podríamos heredar una bendición.
3. Desarrolla el carácter y la madurez de Cristo en nosotros.

¿Nos hallará fieles?

Al llegar al final de este libro, quiero plantearle un último reto: ¿Confiará en Dios lo suficiente como para obedecerlo en la manera de responder al maltrato y unirse a otros millones para adelantar el reino de Dios y traer gloria a Su precioso nombre? ¿Confiará en Él para que le proteja y le conceda justicia en Su tiempo, en esta vida y la venidera? ¿Será usted uno de esos que serán hallados fieles?

También les refirió Jesús una parábola sobre la necesidad de orar siempre, y no desmayar, diciendo: Había en una ciudad un juez, que ni temía a Dios, ni respetaba a hombre. Había también en aquella ciudad una viuda, la cual venía a él, diciendo: Hazme justicia de mi adversario. Y él no quiso por algún tiempo; pero después de eso dijo dentro de sí: Aunque ni temo a Dios, ni tengo respeto a hombre, sin embargo, porque esta viuda me es molesta, le haré justicia, no sea que viniendo de continuo, me agote la paciencia. Y dijo el Señor: Oíd lo que dijo el juez injusto. ¿Y acaso Dios no *hará justicia* a sus escogidos, que claman a él día y noche? ¿Se tardará en responderles? Os digo que *pronto les hará justicia*. Pero cuando venga el Hijo del Hombre, *¿hallará fe en la tierra?* (Lucas 18.1-8, énfasis añadido).

Esta parábola es usada con frecuencia para ilustrar la importancia de ser ferviente y persistente en la oración.

Pero la parte final de esta parábola es ignorada con frecuencia: «Os digo que pronto les hará justicia. Pero cuando venga el Hijo del Hombre, ¿hallará fe en la tierra?»

Esa aseveración es realmente el mensaje central de este libro: Requiere fe no contraatacar cuando uno es maltratado por alguien, ponerse en las manos de Dios en vez de vengarse.

¡Alabado sea Dios! ¡No tenemos que tratar de hacer eso solo con nuestras propias fuerzas! Nada hay que sea imposible para Dios.

Cuando el pastor de Europa me maltrató enlodando mi reputación, y lo escuché en tres continentes, fui donde uno de los hombres de la junta de nuestro ministerio, el pastor Al Brice, y le pregunté: «¿Qué voy a hacer? ¡Esto realmente es duro! Creo que lo estoy manejando bien, ¿pero que crees tú?»

Como Al es mi amigo y me ama, estaba furioso por las acusaciones. Pero también Al es un hombre obediente a la Palabra de Dios. Él sabe cómo estamos llamados a responder cuando somos maltratados. Así que, después que se calmó, me aseguró que estaba haciendo lo correcto y luego con una sonrisa me dijo: «John, cuando estés en situaciones como esta, aprende del señor Luna».

«¿Qué quieres decir?» le dije. ¡Yo sabía que no se estaba refiriendo al reverendo Luna! Pero estaba perplejo por su sabiduría.

«John», continuó Al, «cada mes sale la luna llena, y cada coyote, cada lobo, cada perro sale a aullarle. ¿Pero, les contesta la luna? ¡No! Solo sigue brillando». Ahora ya estaba registrando lo que me quería decir.

Me sonrió y dijo: «John, ¡solo sigue brillando!»

Entonces dijo: «Solo sigue predicando la pura Palabra de Dios, obedécele completamente, y ama a la gente».

Yo lo exhorto a hacer lo mismo. Cuando venga la ofensa, cuando sea maltratado y deba sufrir como nuestro Señor Jesucristo, haga una cosa: *¡Solo siga brillando!*

Acerca del Autor

John Bevere es un autor con gran éxito de ventas y un conferencista muy popular. Él y su esposa, Lisa, también una autora muy exitosa, fundaron el Ministerio John Bevere en 1990. Este ministerio ha crecido hasta tener un alcance internacional multifacético que incluye una programación televisiva semanal, *The Messenger (El Mensajero)*, que se trasmite en 214 naciones. John ha escrito numerosos libros, incluyendo *Drawing Near, Un corazón ardiente, Bajo el abrigo, La trampa de Satanás,* y *El temor de Dios.* Ambos viven en Colorado con sus cuatro hijos.